Mulheres na
LIDERANÇA
em Ação

Volume 2

A sensibilidade e a intuição no comando

Mulheres na LIDERANÇA em Ação

Volume 2

A sensibilidade e a intuição no comando

Copyright© 2024 by Editora Leader
Todos os direitos da primeira edição são reservados à Editora Leader.

CEO e Editora-chefe:	Andréia Roma
Revisão:	Editora Leader
Capa:	Editora Leader
Projeto gráfico e editoração:	Editora Leader
Suporte editorial:	Lais Assis
Livrarias e distribuidores:	Liliana Araújo
Artes e mídias:	Equipe Leader
Diretor financeiro:	Alessandro Roma

Dados Internacionais de Catalogação na Publicação (CIP)

M922   Mulheres na Liderança em ação, volume 2/coordenadoras Andréia Roma,
1. ed.   Isabel Azevedo, Jandaraci Araújo. – 1.ed. – Editora Leader, 2024.

240 p.; 15,5 x 23 cm. – (Série mulheres/coordenadora Andréia Roma)

Várias autoras
ISBN: 978-85-5474-222-5

1. Carreira profissional - Desenvolvimento. 2. Casos de sucesso. 3. Mentoria. 4. Mulheres na liderança. 5. Mulheres – Biografia. 6. Mulheres – Histórias de vidas. 7. Superação. I. Roma, Andréia. II. Azevedo, Isabel. III. Araújo, Jandaraci. IV. Série.

07-2024/63   CDD 658

Índices para catálogo sistemático:
1. Mulheres na liderança: Histórias de vidas: Carreira profissional: Administração de empresa   658

Bibliotecária responsável: Aline Graziele Benitez CRB-1/3129

2024
Editora Leader Ltda.
Rua João Aires, 149
Jardim Bandeirantes – São Paulo – SP
Contatos:
Tel.: (11) 95967-9456
contato@editoraleader.com.br | www.editoraleader.com.br

A Editora Leader, pioneira na busca pela igualdade de gênero, vem traçando suas diretrizes em atendimento à Agenda 2030 – plano de Ação Global proposto pela ONU (Organização das Nações Unidas) –, que é composta por 17 Objetivos de Desenvolvimento Sustentável (ODS) e 169 metas que incentivam a adoção de ações para erradicação da pobreza, proteção ambiental e promoção da vida digna no planeta, garantindo que as pessoas, em todos os lugares, possam desfrutar de paz e prosperidade.

A Série Mulheres, dirigida pela CEO da Editora Leader, Andréia Roma, tem como objetivo transformar histórias reais – de mulheres reais – em autobiografias inspiracionais, cases e aulas práticas. Os relatos das autoras, além de inspiradores, demonstram a possibilidade da participação plena e efetiva das mulheres no mercado. A ação está alinhada com o ODS 5, que trata da igualdade de gênero e empoderamento de todas as mulheres e meninas e sua comunicação fortalece a abertura de oportunidades para a liderança em todos os níveis de tomada de decisão na vida política, econômica e pública.

Conheça o Selo Editorial Série Mulheres®

Somos referência no Brasil em iniciativas Femininas no Mundo Editorial

A Série Mulheres é um projeto registrado em mais de 170 países! A Série Mulheres apresenta mulheres inspiradoras, que assumiram seu protagonismo para o mundo e reconheceram o poder das suas histórias, cases e metodologias criados ao longo de suas trajetórias. Toda mulher tem uma história!
Toda mulher um dia já foi uma menina. Toda menina já se inspirou em uma mulher. Mãe, professora, babá, dançarina, médica, jornalista, cantora, astronauta, aeromoça, atleta, engenheira. E de sonho em sonho sua trajetória foi sendo construída. Acertos e erros, desafios, dilemas, receios, estratégias, conquistas e celebrações.

O que é o Selo Editorial Série Mulheres®?

A Série Mulheres é um Selo criado pela Editora Leader e está registrada em mais de 170 países, com a missão de destacar publicações de mulheres de várias áreas, tanto em livros autorais como coletivos. O projeto nasceu dez anos atrás, no coração da editora Andréia Roma, e já se destaca com vários lançamentos. Em 2015 lançamos o livro "Mulheres Inspiradoras", e a seguir vieram outros, por exemplo: "Mulheres do Marketing", "Mulheres Antes e Depois dos 50", seguidos por "Mulheres do RH", "Mulheres no Seguro", "Mulheres no Varejo", "Mulheres no Direito", "Mulheres nas Finanças", obras que têm como foco transformar histórias reais em autobiografias inspiracionais, cases e metodologias de mulheres que se diferenciam em sua área de atuação. Além de ter abrangência nacional e internacional, trata-se de um trabalho pioneiro e exclusivo no Brasil e no mundo. Todos os títulos lançados através desta Série são de propriedade intelectual da Editora Leader, ou seja, não há no Brasil nenhum livro com título igual aos que lançamos nesta coleção. Além dos títulos, registramos todo conceito do projeto, protegendo a ideia criada e apresentada no mercado.

A Série tem como idealizadora Andréia Roma, CEO da Editora Leader, que vem criando iniciativas importantes como esta ao longo dos anos, e como coordenadora Tania Moura. No ano de 2020 Tania aceitou o convite não só para coordenar o livro "Mulheres do RH", mas também a Série Mulheres, trazendo com ela sua expertise no mundo corporativo e seu olhar humano para as relações. Tania é especialista em Gente & Gestão, palestrante e conselheira em várias empresas. A Série Mulheres também conta com a especialista em Direito dra. Adriana Nascimento, coordenadora jurídica dos direitos autorais da Série Mulheres, além de apoiadores como Sandra Martinelli – presidente executiva da ABA e embaixadora da Série Mulheres, e também Renato Fiocchi – CEO do Grupo Gestão RH. Contamos ainda com o apoio de Claudia Cohn, Geovana Donella, Dani Verdugo, Cristina Reis, Isabel Azevedo, Elaine Póvoas, Jandaraci Araujo, Louise Freire, Vânia Íris, Milena Danielski, Susana Jabra.

Série Mulheres, um Selo que representará a marca mais importante, que é você, Mulher!

Você, mulher, agora tem um espaço só seu para registrar sua voz e levar isso ao mundo, inspirando e encorajando mais e mais mulheres.

Acesse o QRCode e preencha a
Ficha da Editora Leader.
Este é o momento para você nos contar um pouco de sua história e área em que gostaria de publicar.

Qual o propósito do Selo Editorial Série Mulheres®?
É apresentar autobiografias, metodologias, *cases* e outros temas, de mulheres do mundo corporativo e outros segmentos, com o objetivo de inspirar outras mulheres e homens a buscarem a buscarem o sucesso em suas carreiras ou em suas áreas de atuação, além de mostrar como é possível atingir o equilíbrio entre a vida pessoal e profissional, registrando e marcando sua geração através do seu conhecimento em forma de livro.

A ideia geral é convidar mulheres de diversas áreas a assumirem o protagonismo de suas próprias histórias e levar isso ao mundo, inspirando e encorajando cada vez mais e mais mulheres a irem em busca de seus sonhos, porque todas são capazes de alcançá-los.

Programa Série Mulheres na tv
Um programa de mulher para mulher idealizado pela CEO da Editora Leader, Andréia Roma, que aborda diversos temas com inovação e qualidade, sendo estas as palavras-chave que norteiam os projetos da Editora Leader. Seguindo esse conceito, Andréia, apresentadora do Programa Série Mulheres, entrevista mulheres de várias áreas com foco na transformação e empreendedorismo feminino em diversos segmentos.

A TV Corporativa Gestão RH abraçou a ideia de ter em seus diversos quadros o Programa Série Mulheres. O CEO da Gestão RH, Renato Fiochi, acolheu o projeto com muito carinho.

A TV, que conta atualmente com 153 mil assinantes, é um canal de *streaming* com conteúdos diversos voltados à Gestão de Pessoas, Diversidade, Inclusão, Transformação Digital, Soluções, Universo RH, entre outros temas relacionados às organizações e a todo o mercado.

Além do programa gravado Série Mulheres na TV Corporativa Gestão RH, você ainda pode contar com um programa de *lives* com transmissão ao vivo da Série Mulheres, um espaço reservado todas as quintas-feiras a partir das 17 horas no canal do YouTube da Editora Leader, no qual você pode ver entrevistas ao vivo, com executivas de diversas áreas que participam dos livros da Série Mulheres.

Somos o único Selo Editorial registrado no Brasil e em mais de 170 países que premia mulheres por suas histórias e metodologias com certificado internacional e o troféu Série Mulheres® – Por mais Mulheres na Literatura.

> Assista a Entrega do Troféu Série Mulheres do livro
> **Mulheres nas Finanças®** – volume I
> Edição poder de uma mentoria.
>
> Marque as pessoas ao seu redor com amor, seja exemplo de compaixão.
>
> Da vida nada se leva, mas deixamos uma marca.
>
> Que marca você quer deixar? Pense nisso!
>
> **Série Mulheres – Toda mulher tem uma história!**

> Assista a Entrega do Troféu Série Mulheres do livro **Mulheres no Conselho®** – volume I – Edição poder de uma história.

Próximos Títulos da Série Mulheres

Conheça alguns dos livros que estamos preparando para lançar: • Mulheres no Previdenciário • Mulheres no Direito de Família • Mulheres no Transporte • Mulheres na Aviação • Mulheres na Política • Mulheres na Comunicação e muito mais.

Se você tem um projeto com mulheres, apresente para nós.

Qualquer obra com verossimilhança, reproduzida como no Selo Editorial Série Mulheres®, pode ser considerada plágio e sua retirada do mercado. Escolha para sua ideia uma Editora séria. Evite manchar sua reputação com projetos não registrados semelhantes ao que fazemos. A seriedade e ética nos elevam ao sucesso.

**Alguns dos Títulos do Selo Editorial
Série Mulheres® já publicados pela Editora Leader:**

Lembramos que todas as capas são criadas por artistas e designers.

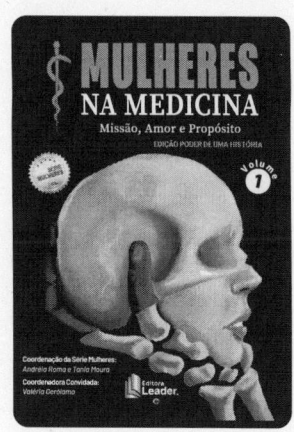

SOBRE A METODOLOGIA DA SÉRIE MULHERES®

A Série Mulheres trabalha com duas metodologias

"A primeira é a Série Mulheres – Poder de uma História: nesta metodologia orientamos mulheres a escreverem uma autobiografia inspiracional, valorizando suas histórias.

A segunda é a Série Mulheres Poder de uma Mentoria: com esta metodologia orientamos mulheres a produzirem uma aula prática sobre sua área e setor, destacando seu nicho e aprendizado.

Imagine se aos 20 anos de idade tivéssemos a oportunidade de ler livros como estes!

Como editora, meu propósito com a Série é apresentar autobiografias, metodologias, cases e outros temas, de mulheres do mundo corporativo e outros segmentos, com o objetivo de inspirar outras mulheres a buscarem ser suas melhores versões e realizarem seus sonhos, em suas áreas de atuação, além de mostrar como é possível atingir o equilíbrio entre a vida pessoal e profissional, registrando e marcando sua geração através do seu conhecimento em forma de livro. Serão imperdíveis os títulos publicados pela Série Mulheres!

Um Selo que representará a marca mais importante que é você, Mulher!"

Andréia Roma – CEO da Editora Leader

CÓDIGO DE ÉTICA DO SELO EDITORIAL SÉRIE MULHERES

Acesse o QRCode e confira

Nota da editora

É com imenso orgulho que apresento "Mulheres na Liderança em Ação®", a continuação do primeiro volume que lançamos sob o Selo Editorial Série Mulheres®. Este segundo volume foi coordenado pela excepcional Isabel Azevedo, uma executiva que se destaca em seu setor pela competência e visão inovadora.

Expresso minha profunda gratidão às coautoras que compartilharam suas experiências marcadas por resiliência, determinação e liderança efetiva. As práticas e exemplos apresentados neste livro prometem inspirar tanto homens quanto mulheres que buscam excelência em suas carreiras.

Isabel Azevedo e Jandaraci Araújo têm sido uma força motriz no campo da liderança corporativa, influenciando significativamente o futuro de nossa indústria. Sua liderança prova que mudanças significativas e progresso são alcançáveis através do desenvolvimento contínuo e da inovação.

Estou confiante de que "Mulheres na Liderança em Ação®" servirá como uma fonte de inspiração e contribuirá para um legado inspirador por mais mulheres na liderança. Este livro não apenas destaca o papel vital das mulheres na liderança, mas também continua a documentar as dinâmicas deste campo, reafirmando nosso compromisso com o pioneirismo e a excelência.

Agradeço a todos que se juntaram a nós neste projeto transformador. Não estamos apenas compartilhando histórias, práticas e casos, mas sim moldando o futuro do liderança corporativa.

Para descobrir mais sobre os próximos volumes, visite nosso site e veja como fazer parte desta jornada extraordinária.

Com carinho,

Andréia Roma
CEO da Editora Leader
Idealizadora e coordenadora do Selo Editorial Série Mulheres®

Introdução
O Poder Feminino nas Organizações

No mundo dos negócios, cada vez mais se reconhece a importância da diversidade e inclusão para o sucesso das organizações. No entanto, durante muito tempo, as habilidades e perspectivas únicas trazidas pelas mulheres foram subestimadas e subvalorizadas. Felizmente, o livro "Mulheres na Liderança em Ação®", surge como uma poderosa voz para destacar o valor das mulheres no ambiente corporativo. Nesta obra, as coautoras exploram temas que evidenciam as vantagens que as mulheres podem oferecer às organizações, como a **Colaboração e Empatia,** que é uma das principais habilidades femininas, pois, ao contrário da competição exacerbada muitas vezes presente no mundo dos negócios, as mulheres tendem a priorizar a cooperação e a construção de relacionamentos sólidos.

Essa habilidade de trabalhar em equipe e nutrir relações positivas não apenas promove um ambiente de trabalho mais harmonioso, mas também estimula a inovação e a criatividade. Através da empatia, as mulheres são capazes de compreender as necessidades e perspectivas dos clientes e colegas, contribuindo para uma tomada de decisão mais completa e consciente.

Outro tema presente no livro "Mulheres na Liderança em Ação®" é o **Equilíbrio entre Trabalho e Vida Pessoal,** cuja importância nossas coautoras destacam em suas jornadas. As mulheres, muitas vezes, têm uma sensibilidade maior em relação às necessidades de conciliação entre carreira e família. Essa perspectiva equilibrada pode contribuir para o desenvolvimento de políticas e práticas de trabalho flexíveis, que beneficiam tanto a empresa quanto os colaboradores. Ao priorizar o bem-estar e a qualidade de vida, as mulheres podem desempenhar papéis-chave na criação de ambientes de trabalho saudáveis e sustentáveis.

Outro ponto crucial abordado neste livro é o potencial das mulheres como **líderes transformadoras.** Ao longo dos anos, a liderança feminina tem sido associada a traços como a capacidade de inspirar, influenciar, capacitar e liderar as equipes. E essas características são fundamentais para enfrentar os desafios complexos do mundo dos negócios moderno. A liderança feminina busca criar um ambiente de trabalho inclusivo, onde todos os indivíduos se sintam valorizados e tenham oportunidades iguais de crescimento. Dessa forma, as mulheres líderes podem impulsionar a inovação e a produtividade, ao mesmo tempo que promovem a diversidade e a equidade.

"Mulheres na Liderança em Ação®" é um livro inspirador que nos lembra do valor inestimável que as mulheres trazem para o mundo dos negócios. Ao destacar as habilidades colaborativas, empáticas e de liderança transformadora das mulheres, o livro nos convida a repensar e reavaliar as regras e estereótipos que limitam nosso potencial. Promover a igualdade de oportunidades e a inclusão de gênero não é apenas uma questão de justiça social, mas também uma estratégia inteligente para alcançar o sucesso empresarial. Ao reconhecer e valorizar o poder feminino nas organizações, estamos construindo um futuro mais equitativo, produtivo e empolgante para todos.

Boa leitura!

Um abraço,

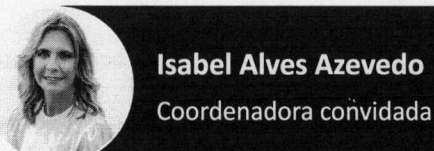

Isabel Alves Azevedo
Coordenadora convidada

Sumário

Liderança antifrágil e adaptativa – ser Jandaraci 30
 Jandaraci Araujo

Liderança feminina: inspirando e transformando organizações através da mentoria..40
 Bibiana Zereu

O Papel Crucial da Liderança Terapêutica na Promoção do Bem-Estar Emocional e Desenvolvimento Pessoal 54
 Cintia Castro

Seu corpo falou tão alto, que eu não consegui ouvir o que você disse! 66
 Cláudia Leal de Barros

A arte de liderar: as atitudes estão à frente das palavras 76
 Damarys Rodriguez Viganó Montes

Liderança Feminina 84
    Daviane Chemin

Liderança prática da área de recursos humanos 96
    Débora Helena da Silva Pinto

A coragem de ser líder de si mesma 106
    Dirlene Silva

**Liderança de impacto: construindo legados
que duram** 118
    Elaine Póvoas

Liderança (des)construída 130
    Fabiola Silva

De pai para filho, comigo no meio do caminho 142
    Ingrid Perdigão

Eu lidero, você lidera, nós lideramos 152
    Lucijane Oliveira De Ulhoa

A Recompensa 164
    Rafaela Danzi

**Liderança feminina e paixão precisam
andar juntas!** 174
    Rita Pereira

Liderança autêntica transforma o mundo 186
    Rosane de Souza Obino

De Executiva a Empreendedora. Caminhos e Aprendizados..198
Silvana Mello

Líderes cuidam de pessoas 210
Valdirene Soares Secato

Vozes que ressoam: liderando a mudança através do Selo Editorial Série Mulheres®........................222
Andréia Roma

O poder de uma MENTORIA 228
Andréia Roma

Liderança antifrágil e adaptativa – ser Jandaraci

Jandaraci Araujo

LINKEDIN

De vendedora de salgados aos conselhos de administração, hoje é conselheira independente de Administração e conselheira Fiscal. É cofundadora do Conselheiras 101, programa que visa a inclusão de mulheres negras em conselhos de administração. Com atuação no mercado financeiro na área de sustentabilidade, foi subsecretária de Empreendedorismo Micro e Pequenas Empresas do Estado de São Paulo e diretora executiva do Banco do Povo Paulista. É professora de Finanças Corporativas de pós-graduação e escritora, lançou dois livros em 2021, em coautoria – "Mulheres nas Finanças®" e "Mentores e suas Histórias", ambos da Editora Leader. Em 2021 recebeu o Prêmio Líderes do Brasil, pelo Lide Global. Recentemente foi reconhecida como Top Voice LinkedIn na pauta de Equidade de Gênero e ESG. Coautora do Mulheres no Conselho® – Vol I. Recebeu o Prêmio Mulheres Inspiradoras.

AMOR ORGULHO CONFIANÇA LIÇÕES PROPÓSITO CORAGEM APRENDIZADO ORGULHO APRENDIZADO PROPÓSITO CORAGEM AMOR ESTRATÉGIA APRENDIZADO LIÇÕE ORGULHO CORAGEM AMOR APRENDIZADO AMOR LIÇÕ DETERMINAÇÃO AMOR APRENDIZADO MENTOR CORAGEM PROPÓ

Estamos em um momento único no mundo, não podemos falar mais que se trata de um mundo VUCA – *Volatility* (volatilidade), *Uncertainty* (incerteza), *Complexity* (complexidade) e *Ambiguity* (ambiguidade) ou BANI – *Brittle (frágil), Anxious (ansioso), Nonlinear (não linear) e Incomprehensible (incompreensível),* mas a mescla destes dois acrônimos. Um mundo que requer uma liderança fluida, entre outros requisitos.

A gestão e a liderança no ambiente BANI exigem uma abordagem flexível, criativa e empática. Os gestores precisam desenvolver competências de comunicação, resolução de problemas e gestão da mudança para navegar eficazmente neste cenário complexo e em constante evolução.

E quais ferramentas e *skills* serão fundamentais para essa liderança do futuro diante das policrises, quase constantes? Esse indivíduo precisará de superpoderes ou ser um mestre Yoda? E o propósito, onde cabe nessa jornada?

A líder do futuro será aquela capaz de equilibrar habilidades consideradas tradicionalmente "femininas" e "masculinas", além de adotar princípios de natureza para alcançar resultados extraordinários. Essa líder será uma facilitadora, cultivando um ambiente onde todos os membros da equipe possam contribuir plenamente, independentemente de seu gênero, raça, idade, orientação sexual, e no qual as qualidades humanas essenciais sejam valorizadas e promovidas. A líder do futuro compreende que a diversidade de perspectivas é fundamental para a inovação e o crescimento. Eles criam um ambiente inclusivo em que as vozes de todas as identidades são ouvidas e valorizadas. Ao promover a diversidade, a líder do futuro fortalece a equipe e abre espaço para novas ideias e soluções.

E as organizações, estão prontas para a líder do futuro? E como liderar sem hierarquia ou uma hierarquia matricial? Preparar uma organização e seus líderes para um futuro em rápida mudança requer uma abordagem estratégica e flexível. Aqui estão algumas estratégias e práticas essenciais:

1. Cultura de Inovação e Aprendizagem Contínua: incentiva todos os funcionários a propor novas ideias e soluções. Há um ambiente onde a experimentação é valorizada e o erro visto como parte do aprendizado. O processo de aprendizagem é contínuo e requer investimento em programas de capacitação e desenvolvimento profissional.

2. Liderança Ágil e *data-driven*: líderes devem ser treinados para tomar decisões rápidas e baseadas em dados, adaptando-se a mudanças inesperadas.

3. Uso Estratégico da Tecnologia: a liderança deve estar atenta às inovações tecnológicas que podem beneficiar a organização e adotá-las na velocidade e no momento correto. Nem sempre ser *early adopters* é a melhor estratégia para a organização, assim como não ser *laggards* (últimos a adotar as novas tecnologias). Digitalize processos, aumente a eficiência e a agilidade organizacional, mas não digitalize pessoas.

4. Gestão da Mudança requer uma comunicação eficaz: mantenha uma comunicação clara e aberta sobre as mudanças e os motivos por trás delas. E foque o engajamento da equipe, envolva seus membros no processo de mudança para garantir que sintam que fazem parte da transformação e não resistam a ela.

Preparar uma organização e seus líderes para o futuro em rápida mudança envolve uma combinação de inovação, flexibilidade, uso estratégico da tecnologia, liderança ágil e uma forte cultura de aprendizado e resiliência.

Quanto mais estudo sobre o tema liderança e as várias escolas, estilos etc., minha percepção é que temos uma janela de oportunidade para aplicar os princípios da natureza na liderança o que possibilita criar uma gestão mais resiliente, adaptável e harmoniosa. Compartilho alguns princípios que considero basilares, por exemplo:

1. Adaptabilidade e Flexibilidade: como os ecossistemas naturais, que se ajustam a mudanças climáticas, os líderes devem ser resilientes e capazes de se adaptar rapidamente a novas circunstâncias. Promover uma cultura de aprendizado contínuo, em que a organização e os líderes estejam sempre prontos para evoluir com base em novas informações e situações.

2. Diversidade e Inclusão: tal como a biodiversidade fortalece um ecossistema, a diversidade de pensamentos, habilidades e experiências fortalece uma equipe. Incentive a inclusão e valorize diferentes perspectivas. Interdependência, reconhecer e promover a interdependência dentro da equipe. Cada membro tem um papel crucial a desempenhar, e o sucesso coletivo depende da colaboração e do respeito mútuo.

3. Cooperação e Simbiose: a líder antifrágil promove uma cultura de colaboração em vez de competição interna. A cooperação leva a melhores resultados e a um ambiente de trabalho mais saudável. Cria alianças e parcerias estratégicas com outras organizações que possam trazer benefícios mútuos, assim como as relações simbióticas na natureza.

4. Equilíbrio e Harmonia: existe uma expressão popular

que fala que água demais mata a planta. Essa expressão fala da importância do equilíbrio em tudo, atente-se em promover um equilíbrio saudável entre a vida pessoal e profissional, serve para líder e liderados. E obviamente um ambiente de trabalho harmonioso, onde todos se sintam valorizados e motivados, é peça chave para aumentar a produtividade.

Aplicar os princípios da natureza na liderança pode levar a uma gestão mais eficaz, adaptável e sustentável. Esses princípios ajudam a criar uma organização resiliente, inovadora e capaz de prosperar em um ambiente de rápida mudança. Ao adotar esses princípios, os líderes podem guiar suas equipes com sabedoria e empatia, promovendo um ambiente de trabalho mais harmonioso e produtivo.

Mas como aplicar esses princípios quando a equipe não está junto fisicamente, ou se encontram apenas em alguns dias da semana? Como criar essa cola entre líder e liderados? A gestão *filine* (física+online) é talvez um dos maiores desafios das organizações e consequentemente dos líderes.

Liderar em mundos diferentes do físico e do on-line exige habilidades adaptáveis e uma abordagem flexível que reconheça as particularidades de cada ambiente. Aprender com essas experiências e integrar os melhores aspectos de ambos os mundos pode resultar em uma liderança mais eficaz e holística. Aqui estão algumas estratégias e práticas para liderar com sucesso em ambos os contextos:

1. Comunicação Eficaz

No Físico: valorize interações pessoais e reuniões presenciais, nas quais a comunicação não verbal e a linguagem corporal são importantes. Aproveite a oportunidade de fornecer *feedback* imediato e pessoalmente, o que pode ser mais impactante.

No Online: use e abuse das ferramentas de comunicação, como e-mails, chats, e videoconferências para manter uma comunicação clara e constante. Relevante destacar a importância de respeitar o horário de trabalho contratual, on-line não é obrigatoriedade e disponibilidade 24 horas e sete dias por semana. Seja clara e concisa em suas mensagens escritas para evitar mal-entendidos.

Assim como as ferramentas de comunicação, as de gestão de projetos e tarefas (como Trello, Asana ou Monday.com) para acompanhar o progresso e prazos são essenciais para gerir no modo *filine*.

2. Tomada de Decisão e Gestão de Crises

No Físico: conduza reuniões de crise presenciais para facilitar a colaboração rápida e a tomada de decisões. Aja rapidamente para implementar soluções práticas em emergências.

No On-line: desenvolva planos de contingência e protocolos para gestão de crises que possam ser implementados remotamente. Utilize ferramentas de comunicação instantânea para coordenar respostas rápidas e eficazes em situações de crise. E a palavra-chave nos momentos de crise é transparência.

Liderar efetivamente em mundos físicos e on-line requer uma abordagem adaptativa e integrada. Aprender com as particularidades de cada ambiente e aplicar os melhores elementos de ambos pode resultar em uma liderança mais eficaz, inclusiva e inovadora. Ao combinar comunicação clara, gestão eficiente do tempo, engajamento da equipe, desenvolvimento contínuo, prontidão para crises e uma cultura de inovação, os líderes podem criar organizações resilientes e bem-sucedidas.

Nos últimos relatórios de riscos globais, a polarização aparece entre os 10 principais riscos. A polarização impacta toda a sociedade, e nas organizações não seria diferente. O desafio é como as organizações e os líderes devem atuar para minimizar o impacto de pensamentos polarizados.

Despolarizar situações de tensão e promover a cooperação é uma habilidade essencial para um líder antifrágil. Na minha experiência no setor público, desenvolvi algumas práticas que facilitaram a entrega de resultados e desenvolver parcerias construtivas, que compartilho aqui:

1. Praticar a Escuta Ativa: dê atenção plena às preocupações e pontos de vista de todos os envolvidos. Não interrompa e demonstre empatia. Parafrasear e validar: repita o que foi dito com suas próprias palavras para garantir compreensão e validar os sentimentos dos outros.

2. Fomentar um ambiente de respeito e confiança: incentive um ambiente onde todos se tratem com respeito, independentemente das diferenças. Construa e mantenha a confiança através de ações consistentes e transparência.

3. Identificar e abordar a causa-raiz: faça uma análise profunda, investigue as causas subjacentes da tensão ou conflito, indo além dos sintomas superficiais. Mapeie e resolva os conflitos de interesse, trabalhe para encontrar soluções que atendam aos interesses fundamentais de todas as partes.

4. Facilite discussões construtivas: mediar com neutralidade, atue como um mediador imparcial, facilitando discussões e ajudando a encontrar pontos em comum. Foque nas soluções: direcione as discussões para a busca de soluções práticas e mutuamente benéficas, em vez de se concentrar nas queixas.

5. Implementar Técnicas de Resolução de Conflitos: utilize técnicas de negociação colaborativa (ganha-ganha) para resolver conflitos, buscando soluções em que todos saem beneficiados. Encoraje compromissos e concessões

mútuas, nas quais cada parte renuncia a algo para alcançar um consenso.

6. Promover a Inteligência Emocional: ajude os membros da equipe a desenvolver a autoconsciência e a gestão das próprias emoções. Cultive a empatia, incentivando os membros da equipe a entenderem e considerarem as emoções e perspectivas dos outros. E quando precisar avalie a possibilidade de contratar especialistas em mediação.

Despolarizar situações de tensão e promover a cooperação exige paciência, empatia e habilidades de comunicação eficazes. A prática da escuta ativa promove um ambiente de respeito e confiança, facilita discussões construtivas, incentiva a colaboração. Poderá transformar conflitos em oportunidades de crescimento e fortalecer a coesão da equipe. Ao implementar essas estratégias, os líderes podem ajudar a criar um ambiente de trabalho harmonioso e produtivo.

Agora que compartilhei um pouco de dicas e aprendizados desses quase 30 anos de carreira, vou contar algumas coisas sobre mim. Meu nome é Jandaraci e meu sobrenome é Reinvenção. Sou uma pessoa que acredita verdadeiramente na necessidade de não ser uma super-heroína. Sou uma líder multifacetada, com atuação no setor privado e público. Talvez por ser uma *outlier*, me consideram uma liderança inspiradora evidenciada por minha atuação em diversas áreas e cargos de destaque. Afinal de contas, quando seria possível uma mulher que foi vendedora de salgados estar em conselhos de administração?

Invisto bastante em autoconhecimento e *networking*. Sou abundante, gosto de compartilhar, pois acredito que compartilhar é igual a fermento. Quanto mais compartilho, mais cresço.

Consciente e empoderada das minhas qualidades e habilidades, destaco aqui as mais revelantes:

• Visão Estratégica: não dou ponto sem nó. Construo o

futuro hoje, meus movimentos são claros e abrangentes, especialmente evidentes na cofundação do Conselheiras 101, um programa voltado para a inclusão de mulheres negras e indígenas nos conselhos de administração. Minha visão vai além do curto prazo, busco impacto de longo prazo na representatividade e diversidade corporativa.

- Compromisso com a Inclusão e Diversidade: sou da turma do "E", só faremos a mudança que queremos ver no mundo juntas. Não atuo apenas nos projetos que cocriei, mas também estou envolvida em organizações como Women in Leadership in Latin America (WILL) e Grupo Mulheres do Brasil. Reconheço a importância da representatividade e trabalho ativamente para promovê-la.
- *Networking* e Colaboração: gosto de me conectar e ajudar na conexão estratégica. Fui reconhecida como Top Voice no LinkedIn, o que revela muito sobre minha capacidade de me conectar e colaborar com uma ampla rede de profissionais. Essa habilidade de *networking* é crucial para expandir meu impacto e influência. Quem não gosta de redes sociais é melhor repensar sobre o assunto.
- Reconhecimento e Credibilidade: ter recebido alguns prêmios, por exemplo, Liderança Feminina Global pelo Lide e o prêmio de Destaque do Ano pelo IBEF-SP, além do papel como conselheira em diversas organizações, ressaltam minha credibilidade e reconhecimento no mundo corporativo e social.

Em suma, essa Sou Eu - Jandaraci Araújo, construí um nome e sobrenome, independentemente de qualquer CNPJ. É a minha liberdade para ser quem eu sou, liderar principalmente com um propósito maior, focada na transformação e no impacto positivo. Ser guiada por um propósito claro e inspirador, serve como um farol para minhas ações e decisões. Liderar para além do sucesso financeiro é o que me motiva. É a possibilidade de transformar para melhor a sociedade e o planeta para as empresas e as pessoas.

Liderança feminina: inspirando e transformando organizações através da mentoria

Bibiana Zereu

LINKEDIN

Atualmente atua como Advisor com C-Level para Desenvolvimento Humano Organizacional. Designer Programas de Mentoring e de Assessment Center. Executive Coach e Team Coach. Palestrante, professora da FGV, PUC e Unisinos. Psicóloga. Vivência em mais de 100 empresas, avaliando para sucessão e desenvolvendo 4.000 executivos e cerca de 1.000 times. Agente estratégica em Movimento de Mulheres Líderes. Mestre pela FGV em Gestão Estratégica de Negócios, MBA Administração – PUC, Coaching Maiêutico certificado – Global Acreditation Board for Coaching (Universidade de Columbia); consultoria para empresas familiares (Instituto Nexia – Barcelona); Executive Coaching e Leadership Mentoring – ILM – Institute of Leadership Management – Londres; formação em Mentoring Avançado (ICP). Analista Comportamental PDA e DISC.

Desde a minha infância, estive cercada por figuras notáveis, tanto mulheres quanto homens, que deixaram uma marca indelével em minha trajetória. Minha mãe, avós, tias, irmãs, pai e avô foram pilares de força que moldaram minha percepção do mundo. Esse ambiente influente enriqueceu minha história pessoal e permeou profundamente minha identidade, incutindo em mim a convicção de que o mundo era um lugar de igualdade e potencial ilimitado.

Cresci cercada por mulheres fortes e com protagonismo em suas áreas, o que moldou minha visão e coragem. Essas influências poderosas não apenas me deram o exemplo, mas também me ensinaram a importância de liderar com coragem, conhecimento, inovação e cuidado. Assim, a essência da liderança feminina em que acredito se baseia nesses pilares: uma liderança que busca tanto o progresso pessoal quanto o bem-estar coletivo.

Compreendi cedo que o compartilhamento de conhecimento, vivências e a generosidade em doar o que se aprendeu são fundamentais para a mentoria, mesmo antes de entender este conceito com clareza. Com essa convicção alicerçada, tracei o percurso da minha carreira, abrindo novos caminhos, preenchendo espaços e mantendo a firme convicção de que esses lugares eram merecidamente meus.

À medida que avançava, percebi que nem todas as mulheres e profissionais tinham as mesmas oportunidades. Muitas vezes, os movimentos feitos na busca pelo crescimento eram percorridos por poucas mulheres. Essa percepção me levou a uma jornada de leituras e estudos aprofundados, bem como a promover diálogos sobre carreira, incitando a convicção de que todas as mulheres tinham o direito de ocupar os espaços existentes, caso assim desejassem.

Com o tempo, comecei a criar espaços formais dentro das empresas e também em instituições voltadas para o incentivo ao avanço das mulheres em suas trajetórias profissionais. Utilizando dados concretos respaldados por pesquisas, passei a sensibilizar tanto mulheres quanto homens sobre a indiscutível existência de uma disparidade de gênero nas posições de liderança. Essa disparidade, claramente evidenciada, é frequentemente resultado de uma estrutura histórica que se desenvolveu ao longo do tempo, culminando nos resultados observados hoje.

Em 2016, senti que era o momento de expandir minha atuação e aplicar o que havia aprendido em novos contextos. Foi um período de muita reflexão e coragem, pois sabia que queria alcançar mais pessoas, especialmente mulheres, e ajudá-las a descobrir seu potencial. Comecei a participar da estruturação de Programas de Mentoria Probono, com um foco especial em empreendedoras e associações de classe voltadas para mulheres. A mentoria se revelou uma ferramenta poderosa para alavancar o potencial de líderes femininas e promover um ambiente mais inclusivo e igualitário nas organizações.

Independentemente de se desenvolverem líderes expoentes, o objetivo principal do programa de mentoria feminina é criar um ambiente onde as mulheres se sintam conectadas, apoiadas e parte de uma rede contínua de suporte. Com uma abordagem customizada, inclusão de homens no processo, uma rede interna de apoio e troca de vivências, o programa contribuirá significativamente para uma cultura organizacional mais inclusiva e solidária.

Com a implementação desses programas em diversas empresas, pude observar um impacto significativo no desenvolvimento de lideranças femininas. As mulheres que passaram por esses programas cresceram profissionalmente e se tornaram mais confiantes e capacitadas para enfrentar os desafios do mundo corporativo. Ver a transformação em suas vidas e carreiras foi uma recompensa indescritível e reafirmou meu compromisso com essa missão.

Desenvolvi um entendimento claro sobre os elementos essenciais que devem estar presentes em qualquer programa de mentoria eficaz. Apresento agora a metodologia que meticulosamente desenvolvi ao longo dos anos, embasada em minhas qualificações em Psicologia e desenvolvimento de indivíduos e projetos em diversas empresas, além de ser enriquecida pelas inúmeras participações em Programas de Mulheres, tanto concluídos como ainda em curso. Essa metodologia representa o alicerce sólido a partir do qual é possível criar abordagens personalizadas para cada instituição ou empresa que almeje a ampliação da presença feminina em cargos de liderança. Além disso, ela se estende para a construção de um ambiente propício, no qual tanto homens quanto mulheres possam nutrir relações respeitosas e mutuamente enriquecedoras, edificando um contexto de longevidade e colaboração.

Metodologia na Prática

1. Sensibilização da Alta Gestão

Para que qualquer programa de mentoria seja bem-sucedido, é crucial sensibilizar a alta gestão. Sem o apoio e o comprometimento dos líderes da empresa, é difícil obter os recursos e a visibilidade necessários para a implementação eficaz do programa. Isso pode ser alcançado através de apresentações detalhadas que mostram dados concretos sobre os benefícios da diversidade de gênero e exemplos de sucesso de outras empresas.

Estratégias para Sensibilização:

- Apresentações Detalhadas: elaboração de apresentações com dados e casos de sucesso.
- Benefícios da Diversidade: mostrar evidências dos benefícios da diversidade de gênero.
- Engajamento dos Líderes: envolver líderes-chave em discussões e planejamento do programa.

2. Inclusão dos Homens no Processo

A inclusão dos homens no processo é essencial. Eles precisam compreender os desafios específicos que as mulheres enfrentam e a importância da diversidade de gênero. Isso pode ser alcançado através de palestras, oficinas e *workshops* que expliquem os benefícios da diversidade e ofereçam oportunidades de discussão e aprendizado.

Atividades de Inclusão:

- Palestras e Oficinas: sessões educacionais sobre diversidade de gênero.
- Workshops de Discussão: espaços para diálogo e troca de experiências.
- Atmosfera de Cooperação: criar um ambiente onde todos se sintam parte da transformação.

3. Customização do Programa de Mentoria

Cada empresa tem sua própria cultura e modo de operar. Por isso, é essencial customizar o programa de mentoria para que ele se adapte perfeitamente ao ambiente específico da empresa. Isso envolve um processo de diagnóstico para entender a cultura organizacional, os valores e como o tema da liderança feminina é percebido internamente.

Processo de Customização:

- Diagnóstico Organizacional: entender a cultura e valores da empresa.
- Seleção de Mentoras e Mentoradas: baseada em critérios claros e alinhados com os objetivos do programa.
- Critérios de Seleção: considerar o momento da empresa e os objetivos específicos de desenvolvimento.

4. Módulos de Qualificação das Mentoras

Os módulos de qualificação das mentoras devem focar no autoconhecimento, na leitura do cenário atual do universo feminino e na promoção do protagonismo e autogestão. Além disso, é essencial que as mentoras tenham conhecimento das ferramentas do processo de mentoria.

Conteúdo dos Módulos:

- Autoconhecimento: incentivar a reflexão pessoal e profissional.
- Leitura do Cenário Atual: entender as dinâmicas e desafios do universo feminino.
- Promoção do Protagonismo: capacitar as mentoras para liderar e inspirar.
- Ferramentas de Mentoria: treinamento em técnicas e ferramentas de mentoria.

5. Construção de uma Rede Interna de Apoio e Troca de Vivências

Um aspecto fundamental do sucesso de programas de mentoria é a construção de uma rede interna de apoio contínua. Essa rede fortalece a conexão entre as participantes, promovendo a troca de vivências e um forte sentimento de pertencimento.

Estrutura da Rede:

- Roda de Conversas: encontros regulares com temas estabelecidos ou abertos para escuta, permitindo uma troca genuína de experiências.

- Conexão e Identificação: incentivar a identificação mútua e o apoio entre as mulheres, criando um ambiente de confiança e solidariedade.

- Rede de Suporte: fomentar a criação de uma rede de apoio que vá além das sessões de mentoria, onde as participantes possam buscar conselhos e suporte contínuo.

5. Supervisão Contínua

A supervisão contínua é essencial para garantir o sucesso do programa. Ela permite ajustes contínuos e oferece suporte às mentoras ao longo do processo. A supervisão ajuda a garantir que o programa se mantenha alinhado com seus objetivos e que as mentoras e mentoradas recebam o suporte necessário.

Funções da Supervisão:

- Ajustes Contínuos: adaptar o programa conforme necessário.

- Suporte às Mentoras: oferecer apoio e recursos contínuos.

- Fortalecimento da Rede: através das trocas entre as mentoras, conexões e vivências são multiplicadas.

- Alinhamento com Objetivos: garantir que o programa permanece focado em seus objetivos principais.

6. Encontros com Mentores Homens

Incluir encontros com mentores homens pode ser extremamente valioso, pois acrescenta uma perspectiva diferente e enriquece o processo de mentoria. Esses encontros ajudam a promover uma maior compreensão e colaboração entre gêneros, contribuindo para um ambiente de trabalho mais inclusivo.

Benefícios dos Encontros:

- Perspectivas Diferentes: enriquecimento do processo com visões variadas.
- Colaboração entre Gêneros: fomentar um ambiente de trabalho colaborativo e inclusivo.
- Compreensão Mútua: promover entendimento e apoio entre todos os colaboradores.

Alguns Desafios

Implementar um programa de mentoria feminina envolve vários desafios comuns que podem surgir ao longo do processo. Aqui estão alguns dos principais:

1. Engajamento da Alta Gestão

- **Desafio**: convencer a alta gestão da importância e do valor do programa pode ser difícil, especialmente se não houver uma cultura organizacional voltada para a diversidade.
- **Solução**: apresentar dados concretos sobre os benefícios da diversidade de gênero, incluindo estudos de caso de sucesso e estatísticas que demonstrem o impacto positivo em outras empresas.

2. Resistência Cultural

- **Desafio**: a cultura existente na empresa pode ser resistente a mudanças, especialmente se houver preconceitos enraizados sobre a liderança feminina.

- **Solução**: realizar *workshops* e treinamentos de sensibilização para todos os funcionários, destacando a importância da diversidade e os benefícios de ter mais mulheres em posições de liderança. Respeitar o tempo de cada empresa e desenhar um programa que aos poucos possa abrir espaço e discutir temas sensíveis.

3. Inclusão dos Homens

- **Desafio**: envolver os homens e fazê-los compreender a necessidade de um programa de mentoria feminina pode ser difícil.

- **Solução**: criar espaços de diálogo e educação, onde os homens possam aprender sobre os desafios que as mulheres enfrentam e entender como podem apoiar a iniciativa. Colocá-los no processo para agregar a sua perspectiva e trocar vivências.

4. Customização do Programa

- **Desafio**: adaptar o programa às necessidades e à cultura específica da empresa pode ser complexo e demorado.

- **Solução**: realizar um diagnóstico aprofundado da cultura organizacional e envolver diversos *stakeholders* na fase de planejamento para garantir que o programa seja relevante e bem aceito.

5. Seleção de Mentoras e Mentoradas

- **Desafio**: encontrar e selecionar as mentoras e mentoradas certas pode ser um processo desafiador e suscetível a erros.

- **Solução**: definir critérios claros de seleção e criar um processo transparente e justo, talvez com um comitê de seleção diversificado para evitar vieses.

6. Qualificação das Mentoras

- **Desafio**: garantir que as mentoras recebam a formação adequada e se sintam preparadas para desempenhar seu papel.

- **Solução**: oferecer programas de treinamento abrangentes e contínuos, que abordem não apenas habilidades de mentoria, mas também autoconhecimento e desenvolvimento pessoal.

7. Supervisão Contínua

- **Desafio**: manter uma supervisão eficaz ao longo do programa pode ser desafiador, especialmente em termos de recursos e tempo.

- **Solução**: estabelecer um sistema de supervisão claro, com *feedback* regular e suporte contínuo, talvez através de um coordenador de programa dedicado.

8. Construção de Rede Interna

- **Desafio**: criar e manter uma rede interna de apoio sólida que promova a conexão e o sentimento de pertencimento entre as participantes.

- **Solução**: facilitar regularmente rodas de conversas e eventos de *networking*, incentivando a participação ativa e a troca de experiências. Propiciar espaços sigilosos com discussão de temas sensíveis que auxiliem a quebrar silos e barreiras invisíveis.

9. Mensuração de Resultados

- **Desafio**: avaliar o impacto e o sucesso do programa pode ser complicado, especialmente se os resultados forem subjetivos.

- **Solução**: implementar métricas claras desde o início, como indicadores de progresso de carreira, satisfação das participantes e mudanças na cultura organizacional.

10. Sustentabilidade do Programa

- **Desafio**: garantir que o programa seja sustentável a longo prazo, com engajamento contínuo e recursos adequados.

- **Solução**: integrar o programa na estratégia de longo prazo da empresa e assegurar um orçamento dedicado, além de monitorar e ajustar o programa conforme necessário para mantê-lo relevante.

Abordar esses desafios de forma proativa e estratégica pode ajudar a garantir que o programa de mentoria feminina seja bem-sucedido e tenha um impacto duradouro na organização.

Ao longo da minha trajetória, percebi a importância de estar cercada por figuras inspiradoras e de promover a liderança feminina de maneira intencional e estruturada. As experiências que tive com mulheres fortes e influentes ao meu redor moldaram minha visão de mundo e minha carreira, incentivando-me a lutar por igualdade de oportunidades e a desenvolver programas de mentoria que realmente façam a diferença.

Implementar um programa de mentoria feminina é um esforço contínuo que exige dedicação, sensibilidade e um entendimento profundo das dinâmicas organizacionais e culturais. Os desafios são numerosos, mas as recompensas são significativas:

a criação de um ambiente de trabalho mais inclusivo, o empoderamento de mulheres líderes e a promoção de uma cultura organizacional que valorize a diversidade.

Com uma metodologia bem definida, é possível superar os obstáculos e alcançar resultados impactantes. O sucesso desses programas não se mede apenas pelo avanço profissional das mulheres envolvidas, mas também pela transformação cultural que promovem nas organizações.

Em última análise, o objetivo é construir um futuro em que as oportunidades sejam igualmente acessíveis a todos, independentemente de gênero, e onde cada indivíduo possa alcançar seu pleno potencial. É essa visão de equidade e inclusão que continua a me motivar a expandir meus esforços e a apoiar outras mulheres em suas jornadas profissionais. Acredito firmemente que, juntos, podemos criar um mundo mais justo e próspero para todos.

O Papel Crucial da Liderança Terapêutica na Promoção do Bem-Estar Emocional e Desenvolvimento Pessoal

Cintia Castro

Psicanalista, psicoembrióloga, consultora DISC, consteladora familiar sistêmica oferecendo atendimento individual, em grupo e on-line. Escritora e palestrante.

AMOR ORGULHO CONFIANÇA LIÇÕES PROPÓSITO
CORAGEM APRENDIZADO ORGULHO APRENDIZADO
APRENDIZADO PROPÓSITO CORAGEM AMOR LIÇÕ
ORGULHO CORAGEM AMOR
ESTRATÉGIA APRENDIZADO
APRENDIZADO AMOR LIÇÕ
DETERMINAÇÃO AMOR
MENTOR
CORAGEM PROPÓ

Neste capítulo, trago a importância do papel dos terapeutas dentro de uma organização e desempenho pessoal. Quando inicio um processo terapêutico busco, acima de tudo, ser empática com a história das pessoas, respeitando suas vulnerabilidades, destacando suas habilidades, que inúmeras vezes não são reconhecidas e lapidadas.

Uma vez li uma frase de Carl Jung que foi impactante na minha carreira e, hoje em dia, é um mantra na minha vida e quero compartilhar logo no início da minha escrita:

"Conheça todas as teorias, domine todas as técnicas, mas, ao tocar uma alma humana, seja apenas outra alma humana."

Acima de tudo é entender que sempre será uma alma humana tocando outra alma humana. Alma esta cheia de sonhos, desafios, histórias, medos, inseguranças, fissuras emocionais, recomeços, lutas, conquistas, vitórias, traumas, diversidade, entre tantos outros sentimentos e emoções e, por isso, o respeito é a base fundamental de um processo analítico bem-sucedido.

A estratégia eficaz é aquela que incentiva a autenticidade e a autoexpressão, permitindo que cada pessoa se conecte verdadeiramente consigo mesma e com os outros. A cada sessão procuro encorajar homens e mulheres a explorar e expressar livremente suas emoções, desafiando estereótipos de gênero que possam reprimir a expressão emocional, preparando um ambiente de aceitação, onde se sintam livres, confiantes e seguros para serem quem são e sem julgamentos. Também viso desenvolver a capacidade de empatia e comunicação. Isso implica auxiliar a aprimorar habilidades de comunicação não violenta (CNV), escuta ativa, resolução de conflitos, comunicação assertiva, conexão com as experiências e perspectivas dos outros, promovendo maior compreensão interpessoal e construção de relacionamentos saudáveis, impondo limites de maneira construtiva, respeitando a singularidade de todos os envolvidos.

Durante o processo terapêutico procuro promover a resiliência e o empoderamento tanto em homens quanto em mulheres, preparando-os para enfrentar os desafios da vida com confiança e determinação, oferecendo suporte efetivo e, assim, capacitá-los a se tornarem responsáveis por suas próprias vidas, contribuindo para a construção de um mundo mais inclusivo, compassivo e capacitador para todos.

Cultivando Empatia e Compreensão

A empatia e a compreensão são pilares essenciais do meu trabalho, especialmente quando se trata de reconhecer e validar as nuances das experiências únicas de mulheres e homens, respeitando e apoiando a sua jornada de crescimento emocional e desenvolvimento pessoal.

Cada indivíduo tem uma jornada influenciada por uma variedade de fatores, incluindo cultura, contexto social, experiências pessoais e preferências individuais, sendo primordial o respeito e a compreensão total destes fatores. Procuro estar aberta a explorar e compreender essas experiências, reconhecendo a diversidade e complexidade de todos, isso pode envolver discutir assuntos delicados, sensíveis, preconceituosos, com respeito à opinião de cada indivíduo. Ter empatia pela história do outro, sem entrar na história dele, a neutralidade é fundamental para que eu possa trazer juntamente com o meu paciente um bom resultado, assim entendendo que o que é meu é meu, o que é do outro é do outro.

Ao cultivar empatia e compreensão, consigo fornecer um suporte sensível, adaptando as abordagens terapêuticas individuais que utilizo em cada sessão e a cada demanda para atender às necessidades específicas dos meus pacientes, incluindo o reconhecimento e a validação das suas experiências.

Atendendo às Necessidades Individuais com Comunicação Aberta

Considero extremamente importante trazer este capítulo, o papel essencial da abordagem centrada e na criação de um ambiente terapêutico no qual as necessidades individuais são atendidas por meio de um dos pilares que é a comunicação aberta e sincera sobre expectativas e realidades, no qual crio um lugar seguro e inclusivo onde meus pacientes podem explorar, se ouvir (o que é muito importante), compreender e resolver seus desafios emocionais e psicológicos de forma autêntica e significativa, promover o seu crescimento pessoal e o seu bem-estar emocional, trazendo um equilíbrio para todos os aspectos da sua vida. Inúmeras vezes fico maravilhada em ver o progresso de um paciente quando ele diz em voz alta suas queixas e ele, por si só, apenas pelo processo da fala/escuta, consegue entender seus erros, acertos, mudanças que precisam ser realizadas.

Ao iniciar a intenção do tratamento realizo uma conversa franca e aberta para conhecer as expectativas e realidades referente a prazos, metas, objetivos, preocupações sobre a queixa principal dita pelo paciente, assim, inconscientemente ativando o papel do meu paciente em seu próprio processo e responsabilidades reais, criando um senso de propriedade e comprometimento com o seu processo terapêutico.

Ao longo dos anos venho observando como o processo terapêutico é lindo e significativo na vida das pessoas, trazendo um autoconhecimento inenarrável, aprendizado social, compreensão das dores e atitudes do outro, respeito à individualidade e singularidade de cada pessoa, seja no convívio social, amoroso ou corporativo. Um ato de amor em busca de uma cura interior, por isso, o paciente quando se propõe a entrar em terapia e não estar em terapia, a jornada se torna consolidada e a descoberta da força que possui em ver suas vulnerabilidades são impressionantes e o caminho se torna positivo.

Espaço Seguro para a Expressão Genuína de Emoções

Na terapia é primordial a criação de um espaço genuíno onde serão explorados emoções e sentimentos sem julgamentos, e com acolhimento.

Lembrando que cada paciente tem seus próprios valores, ética, crenças limitantes, traumas, entre outros, que moldam sua identidade e orientam suas escolhas na vida. Um dos primeiros ensinamentos na terapia é incentivar mulheres e homens a honrarem seus valores individuais, honrarem sua hierarquia, porque muitos vieram antes deles para que sua história pudesse ser escrita, honrar seus pais acima de tudo, pois deram o seu maior e melhor presente, "A Vida", alinhando suas ações e decisões com o que é autenticamente importante para eles. Isso pode envolver a reflexão e compreensões sobre questões que se manifestam ao longo da vida e obtendo uma vida leve e com um olhar mais amoroso consigo e um olhar respeitoso com sua ancestralidade.

A aceitação incondicional é outro pilar fundamental da terapia, no qual meus pacientes são aceitos e valorizados independentemente de suas escolhas, experiências ou identidades.

Um processo terapêutico de confiança é o alicerce sobre o qual eu trabalho construindo um terreno fértil para o crescimento pessoal encorajando mulheres e homens a explorarem questões profundas, desafiando crenças limitantes que são tão difíceis, mas possíveis, para o paciente ressignificar, pois estão enraizadas na sua cultura desde a infância e desenvolvendo novas habilidades de enfrentamento e resolução de problemas. É importante lembrar que não existem garantias ou prazo para percepção de mudanças de hábitos e comportamentos e, sim, o respeito ao ritmo e processo individual de cada pessoa para que o resultado seja duradouro e significativo para os meus pacientes.

Promovendo Igualdade, Compreensão e Crescimento

Meu trabalho não é limitado apenas a reconhecer e se conhecer, engloba também a igualdade de gênero e a desconstrução de estereótipos prejudiciais, tendo a responsabilidade de desafiar normas restritivas, criando um ambiente onde todos os meus pacientes se sintam valorizados, em igualdade de atendimento, mesmo sendo cada processo singular, empoderados e, acima de tudo, respeito. O ambiente virtual ou presencial de atendimento é chamado *setting* analítico, que procuro tornar um momento descontraído e leve, permitindo uma terapia bem-sucedida, facilitando uma exploração de questões profundas e sérias de uma forma mais relaxada e confortável. Esta é uma preocupação que sempre tenho no início de qualquer trabalho terapêutico, seja pessoal ou corporativo. Trabalhar as questões internas não é algo fácil, inúmeras pessoas ainda têm preconceito com relação à terapia ou se perguntam como uma pessoa estranha que não conhece 1/3 da sua história pode realmente ajudar em algo. Este pensamento é algo corriqueiro dentro do meu trabalho, por isso, tento ao máximo que as sessões e o ambiente seja acolhedor e leve. Por que precisa ser "pesado" para surtir efeito?... Não precisa... Precisa da entrega real e verdadeira do paciente com ele mesmo, esta é a verdadeira fórmula de um bom processo analítico.

Inclusão de Exemplos Concretos

Não existe viver de teorias, precisamos cada vez mais colocar na prática tudo que aprendemos nos conceitos teóricos, demonstrando como pode ser aplicado em situações reais implementando mudanças tangíveis em nosso cotidiano.

Seguem alguns exemplos:

1 - Comunicação Inclusiva - Inclusão TEA

Imagine um dos membros da sua equipe ser um autista.

Neste contexto, o gestor pode implementar práticas de comunicação inclusiva, como oferecer opções flexíveis (participação virtual, contribuição por escrito), garantir que o ambiente da reunião seja adequado às necessidades sensoriais do autista (redução de iluminação, fornecer fones de ouvido para reduzir o ruído) e facilitar um espaço aberto para compartilhar preocupações e solicitar apoio adicional.

2 - Cultura Inclusiva

Durante um trabalho dentro de uma empresa procuro promover uma cultura inclusiva que valorize e respeite a diversidade de experiências através de workshops, palestras, dinâmicas em grupo, treinamentos e capacitação de equipe e líderes de forma eficaz e compassiva. Trago histórias reais discutindo como os conceitos se aplicam na prática e estabelecendo práticas que promovam a igualdade de oportunidades e o respeito mútuo dentro da organização inspirando mudanças significativas e empoderamento para todos os colaboradores.

3 - Programa de Emprego Apoiado

Em uma empresa comprometida com a inclusão, um programa

de emprego apoiado oferece oportunidades de trabalho significativas e suporte individualizado. Um exemplo seria: um jovem autista é contratado para uma posição de atendimento ao cliente e um tutor/mentor é designado para acompanhá-lo durante suas tarefas diárias fornecendo orientação prática, ajudando-o a se adaptar ao ambiente de trabalho, sendo um suporte para qualquer desregulação emocional, e assim automaticamente haverá um ganho na área do desenvolvimento de comunicação, interação social e autoconfiança do jovem perante a equipe e organização. Não posso deixar de comentar que nenhum gestor tem que nascer com esta sensibilidade, cabe à empresa e até mesmo ao profissional procurar uma ajuda especializada e confiável. Vejo diariamente a demanda crescendo de pessoas interessadas em entender melhor de assuntos que antes eram tabus e é lindo ver e participar como profissional desta jornada de conhecimento, seja através de teorias ou ensinando a prática inclusiva.

Promovendo um ambiente de trabalho inclusivo é fundamental acolher a diversidade para que todos os colaboradores se sintam valorizados e respeitados.

4 - Processo de Recrutamento e Seleção

Seguem algumas dicas que podem ser implementadas durante o processo de recrutamento, tornando-o uma prática inclusiva, como revisão de currículos com foco nas habilidades no candidato, oferecer opções de entrevista alternativas (vídeo ou por escrito), para acomodar as necessidades individuais dos candidatos.

5 - Clareza nas Orientações Práticas

Neste exemplo, quero demonstrar a importância das orientações detalhadas e claras passo a passo. Discutimos antecipadamente estratégias que sejam eficazes para promover a inclusão e o apoio a todos os colaboradores implementando propostas com resultados satisfatórios para a organização e reconhecimento para cada um da equipe. Lembrando que ao dar a responsabilidade do mentor para um colaborador também é essencial dar suporte emocional, pois eles também podem se sentir sobrecarregados ou inseguros ao tentar implementar novas abordagens e apoiar quem necessita. Nesse sentido, seguem algumas orientações que podem fazer toda a diferença, possibilitando um melhor entendimento do que é esperado delas e como proceder:

a – Apresentação: ao apresentar uma estratégia aos colaboradores é importante dividir o processo em etapas individuais e explicar cada uma delas de forma simples, objetiva e sequencial para que sigam o passo a passo sem se sentirem sobrecarregados.

b - Visual: elementos visuais (gráficos/vídeos) complementam as instruções verbais tornando todo o processo mais acessível e compreensível para uma variedade de aprendizes. As imagens podem fornecer uma representação visual das etapas envolvidas e ajudar os colaboradores a visualizar o que é esperado delas.

c - Exemplos práticos: incluir exemplos reais é uma ferramenta essencial que será utilizada para auxiliar a demonstrar como as estratégias podem ser aplicadas de forma eficaz, em que os colaboradores podem entender melhor como as estratégias se traduzem em prática, podendo ser adaptadas em suas próprias necessidades.

d - Dicas e sugestões úteis: procurar fornecer sugestões úteis ao longo do processo, auxiliando nas dúvidas comuns e complexas dos seus colaboradores incluindo soluções alternativas para desafios específicos, recursos adicionais com embasamento em experiências reais e bem-sucedidas.

6 - Implementando uma Rotina Visual

Durante o percurso acadêmico em saúde mental, alicerçar a formação psicológica de um indivíduo é crucial para o processo global, pois é a base que sustenta e impulsiona todas as outras áreas de aprendizado e prática nesse campo específico. Entender esta base que se consolida aos sete anos de idade. A primeira infância é a fase inicial da vida de uma criança, essencial para o desenvolvimento. No mundo corporativo e vida pessoal, experiências nessa fase podem influenciar as habilidades de comunicação, resolução de problemas e trabalho em equipe, além de impactar a maneira como irá lidar com desafios e interações em todos os ambientes.

Segue um exemplo:

Passo a Passo

1 - Liste as atividades diárias realizadas regularmente, como acordar, tomar banho, fazer as refeições etc.

2 - Escolha imagens que representem cada atividade dependendo das preferências e habilidades.

3 - Monte um quadro onde podem ser colocados em ordem sequencial imagens ou símbolos representando a rotina diária.

4 - Apresente a rotina visual e explique como ela funciona.

5 - Incentive o uso do quadro de rotina visual diariamente e forneça incentivos e reforços positivos.

Ao seguir os princípios de explicação passo a passo, podemos tornar as estratégias mais acessíveis e aplicáveis na vida cotidiana. A clareza é fundamental para promover a inclusão.

Sou grata a Freud pelos meus ensinamentos, trazendo aos

dias atuais tanto conhecimento e ajuda às pessoas que realmente querem fazer diferença em suas vidas através de um processo analítico sério, respeitoso e acolhedor.

Seu corpo falou tão alto,
que eu não consegui ouvir
o que você disse!

Cláudia Leal de Barros

Executiva de Recursos Humanos, com mais de 25 anos de experiência em empresas multinacionais e nacionais dos mais diversos segmentos. Trabalhou na Michelin, General Electric, Nokia Siemens, Telemar/OI, Banco Prosper, Hospital Samaritano – SP, Hager Group, Rede Asta, Grupo Belmond, Hotelaria de Luxo, pertencente ao conglomerado LVMH – Louis Vuitton Moët Hennessy. Atualmente é Diretora de RH da Frescatto, empresa líder no mercado de pescados, com sede no Rio de Janeiro e filiais em São Paulo, Distrito Federal, Pernambuco e Minas Gerais. Psicóloga, com pós-graduação em Gestão de Processos e Qualidade. Formação em Gestão de Conflitos pela Mediare. Especialização em Organizational Behaviour pela British Columbia Institute of Technology (BCIT), Canadá, onde morou por dois anos. Participante do Grupo Mentoria Colaborativa, Projeto Nós Por Elas, trabalho voluntário de mentoria para brasileiras em busca de uma orientação de carreira, que estão em diversas partes do mundo - IVG (Instituto Vasselo Goldoni). Escreveu um livro infantil, ainda não publicado, chamado *"Pelos caminhos de Nica... Descobrindo as profissões"*... Uma experiência incrível pelo universo infantil e literário, inspirado na filha, Valentina, à época com seis anos. Participações nos livros Mulheres do RH® Volume I e II. *Mirei no que vi, acertei no que não vi* – Volume I. *Nem tudo que reluz é ouro* – Volume II.

AMOR ORGULHO CONFIANÇA LIÇÕES PROPÓSITO
CORAGEM APRENDIZADO ORGULHO
APRENDIZADO PROPÓSITO ESTRATÉGIA APRENDIZADO
ORGULHO CORAGEM AMOR AMOR LIÇÕ
APRENDIZADO AMOR
DETERMINAÇÃO AMOR APRENDIZADO
MENTOR
CORAGEM PROP

Liderança, uma questão de atitude!

Convido você a vir comigo neste capítulo, construindo uma jornada de pensamentos e provocações sobre esse tema tão desafiador, que está em pauta há anos e, em contrapartida, ainda nos surpreende com novas visões, abordagens e possibilidades teóricas e práticas. Um dos temas que mais gerou estudos e pesquisas nos últimos tempos. São inúmeros os artigos publicados e, ainda assim, há tanto a debater e aprender.

Falar de liderança é falar de gente, de perfil, de personalidades... Poderia citar inúmeros nomes de líderes de referência nos mais diversos campos e culturas, com suas peculiaridades e significados para a nossa história, mas essa não é a proposta neste momento; entretanto, nos mostra o quão inserido um líder está em nossa realidade e o seu grau de influência nos mais variados cenários.

Quero compartilhar minha vivência e o que me trouxe até aqui, nesta oportunidade ímpar de escrever sobre as interferências daquelas pessoas, que estão à frente de um grupo e, nesse caso, no âmbito corporativo. Observo sob a minha ótica, do meu lugar de mulher, que interage e atua nesse contexto, percebendo as características da gestão de pessoas e seus impactos no negócio e nas carreiras dos profissionais a sua volta.

Acredito que a liderança feminina tem suas particularidades e carrega em si, por essência, alguns atributos predominantes nas mulheres, na maioria das vezes. E, sem juízo de valor, são apenas observações; embora não sejam exclusivos, sabemos de líderes masculinos com tais características. Refiro-me à facilidade de relacionamento interpessoal, flexibilidade, resiliência, sensibilidade, empatia, entre outras. O texto não tem a intenção de abordar a liderança sob a ótica do gênero, só traz alguns aspectos, mas entendo que o mais relevante e interessante no contexto deste projeto seja abordar a liderança, com todo seu desafio e amplitude.

Quero contribuir para a pauta da liderança e seus impactos nas nossas organizações para nossa reflexão e nosso debate.

A posição de líder é um contrato, uma escolha, ainda que por vezes não seja formalizado, mas para que seja bem-sucedido precisa haver a decisão, o desejo genuíno e verdadeiro de ocupar esse LUGAR!

Sabemos que alguns nascem com esse perfil, naturalmente influenciam e atraem pessoas, mesmo fora das organizações, mas não estou me referindo a esses casos. Quero abordar o papel e a importância da liderança no complexo e dinâmico universo das empresas.

Estar nessa posição é saber que suas ações serão mais observadas do que suas palavras, orientamos mais pelo que fazemos do que pelo que falamos.

Um líder tem seguidores, aqueles que se inspiram e se orientam a partir de seu direcionamento. E fazem isso comprometidos e engajados porque acreditam na causa, compartilham a crença, ainda que sejam dos mais diversos estilos, o que se assemelha é o porquê, estão unidos pelo propósito.

O senso de pertencimento e a conquista do que foi estabelecido é o que alimenta a dedicação e o empenho pelos melhores resultados. Atuam todos na mesma direção, em que o objetivo coletivo sobrepõe o individual.

A liderança deve criar ambiente e condições de trabalho que permitam a cada um oferecer o seu melhor. Busca ter de cada um a sua melhor versão, construindo uma relação de confiança, um espaço seguro, que estimula tentativas e erros, aceita a vulnerabilidade e promove o desenvolvimento.

Não é apenas estar no comando, liderança é cuidar daqueles que integram a equipe. É dedicação às pessoas!

Considerando que a empresa é um organismo vivo, que reflete as ações individuais e em grupos, é desafiador integrar as demandas, que são das mais variadas, a favor das necessidades do universo corporativo, que é tão diverso e dinâmico.

E para essa engrenagem funcionar a contento é preciso que alguém esteja à frente. Esse é o lugar da liderança!

Se pensarmos que o ambiente de trabalho reúne inúmeras pessoas, cada uma delas com seus conflitos, dilemas, expectativas, frustrações, desejos, ambições, aspirações, que não podem ser ignorados, entretanto, precisam convergir a favor dos objetivos organizacionais, favorecendo o trabalho em conjunto com foco nas necessidades do negócio e sem perder a referência individual, parece uma missão impossível... Mas não é! É um desejo, uma construção!

E, para transformar essa missão em ação, destaco alguns pontos importantes a serem considerados...

– **Autoconhecimento:** saber de seus pontos fortes e o que tem a desenvolver, de como é percebido. Ter maturidade! Ter equilíbrio emocional, reconhecer seus "vieses inconscientes" e saber lidar com eles para agir com imparcialidade, humildade e sem vaidade. Saber que como líder tem o papel de facilitador, articulador, abrindo espaço para sua equipe atuar. Ser o "maestro" para que sua orquestra brilhe e não o destaque do palco ou o centro das atenções.

- **Interesse por gente:** liderar não é estar no comando, é cuidar daqueles que estão sob sua responsabilidade. Não é sobre executar e sim criar as condições que favoreçam a realização do trabalho da equipe. É ter o desejo genuíno de desenvolver pessoas, de compartilhar conhecimentos e habilidades, que possam favorecer o crescimento do outro.

- **Exemplo é ser, mais do que dizer.** As ações falam mais do que as palavras. A coerência e a consistência na conduta tecem a percepção da pessoa que você é. E, nesse contexto, a responsabilidade é enorme, pois cada ação é observada por aqueles que lhe seguem.

- **Confiança:** sem ela não construímos relações fortes e verdadeiras. Aqui está o alicerce para se ter uma equipe, não é por decreto, é por conquista, por ação recíproca e por "via de mão dupla". A palavra do líder é confirmada em suas atitudes e seus seguidores percebem coerência, sentido e alinhamento entre o discurso e a prática, entre o prometido e o realizado e, desta forma, validam seu compromisso e engajamento na busca pelos resultados estabelecidos. O ciclo se retroalimenta, gerando sinergia e consistência a favor do negócio.

- **Escuta ativa:** saber ouvir sem prejulgar. Estimular a fala da equipe, em grupo ou individualmente, criando um ambiente seguro e de confiança. Ouvir com empatia, praticar o exercício de se colocar no lugar do outro.

- **Comunicação:** esse é um grande diferencial. O líder comunica com os sentidos, é sensível a sua equipe, mesmo que nem sempre tenha a exata clareza da situação, faz perguntas, provoca, troca com aqueles que estão a sua volta e, além disso, acredita na sua intuição. Não teme questionar ou errar. Lida bem com sua vulnerabilidade, assim como a da sua equipe! Sabe que comunicação não é o que se fala e sim o que o outro escuta, por isso verifica e confirma o entendimento.

- **Tolerância ao erro, tentar requer experimentar.** O líder deve incentivar a busca por melhorias e soluções e apoiar sua equipe a correr riscos, pois faz parte do processo de desenvolvimento e aprendizagem.

- **Mediação:** o líder é um facilitador do diálogo, da integração entre os membros da equipe, assim como entre as demais áreas. É quem busca os recursos para que o grupo desempenhe sua função, cada um, individual e coletivamente.

- **Gestão do tempo:** é saber definir prioridades, revisitar constantemente o que foi planejado e identificar se há necessidade de rever a ordem de atuação, ser flexível. Ter a visão do todo e administrar a rotina a partir das necessidades percebidas, sem perder o foco na realização do planejado, sem dispersão, mas com sensibilidade e disciplina. Requer uma atenção muito especial, se não for bem cuidada é provável que fique desequilibrada e ocorra a tendência pela ocupação pelas demandas emergentes e não necessariamente pelas mais importantes.

- **Ousadia:** é ter coragem para tomar decisões, conduzir sua equipe em direção ao desejado, apostar, investir no que acredita e trabalhar pela realização do que for almejado. É saber que não há certeza ou garantia das escolhas, mas há um "risco calculado" a ser analisado e um caminho a ser trilhado.

O líder é capaz de fazer sua equipe trabalhar pela conquista dos resultados estabelecidos, estimulando o que há de melhor em cada um, apoiando e fazendo-os perceber que juntos, que o todo é muito mais do que a junção das partes. Tem como premissa o reconhecimento e a valorização do bom desempenho, transforma ideias em ações e promove a conduta colaborativa.

Essa posição exige dedicação, investimento de tempo, energia, conhecimento e muita habilidade no relacionamento interpessoal.

A agenda da liderança destaca-se pela interação entre as pessoas, não é execução de tarefas inerentes aos processos de sua responsabilidade, é mobilização de equipe, alinhamento e direcionamento do que se pretende alcançar.

O líder é um agente de mudança, suas ações interferem na realidade da empresa e impactam na percepção do ambiente de trabalho. Ele tem um papel fundamental na construção de um espaço saudável e que muito contribui para o desempenho e a retenção dos profissionais que integram esse grupo.

A habilidade em envolver pessoas e construir relacionamentos fazem a diferença para o desempenho da posição de liderança. Não é necessariamente algo nato, pode ser desenvolvido, estimulado, aprimorado.

O trabalho em equipe possibilita a diversidade de pensamentos e ideias, viabiliza a troca de experiências e as inúmeras formas e perspectivas de se tratar o mesmo tema. Enxergar sob variados pontos de vista, integrar e complementar perfis na conquista de objetivos e soluções. Permite o exercício do avanço e do recuo de iniciativas, respeitando cada posicionamento, mas fazendo prevalecer a decisão do grupo.

Um LÍDER para chamar de seu...

Que seja humano, pois sua maior competência é lidar com gente, que sabe ouvir e sabe falar, não manipula, inspira! Dissemina seus valores e crenças e tem coerência e consistência nas suas atitudes. Tem autoconhecimento e cuida para não se deixar levar pelas armadilhas da vaidade e trabalha para dissolver os egos e construir uma identidade coletiva. Legitima sua equipe!

É firme sem ser impositivo! É exigente sem ser rigoroso! É intuitivo, respeita os sinais de suas percepções sem se render aos prejulgamentos. Tem a capacidade de ser flexível, avança e recua de acordo com as circunstâncias! Tem facilidade de adaptação, sabe ser ágil, se necessário. É seguro sem ser arrogante! Conduz conversas difíceis com sensibilidade e leveza. É claro, direto, sem ser agressivo!

Constrói relações de confiança, com base na transparência e na honestidade das informações. Empodera a equipe, dá autonomia, acolhe e oferece suporte! Sabe delegar e dar espaço para que prevaleça o desenvolvimento contínuo.

É ousado! Corre riscos! É aquele que ESCOLHEU estar nesse lugar! Não faz milagres, é gente que gosta de gente! Acredita no que faz e na capacidade de transformar e de obter o melhor de cada um! Envolve e mobiliza, respeitando a individualidade, mas com viés no coletivo!

Um exercício para fechar...

A partir dessa abordagem, pense nos líderes que se destacam com os atributos mencionados no texto! Você já teve a oportunidade de conhecer ou trabalhar com alguns?

Se você atua na liderança ou almeja esse lugar, quais desses pontos estão presentes e são percebidos facilmente na sua gestão?

Quais os que você identifica que são mais desafiadores? E, com esses, faça um plano de desenvolvimento.

A liderança não é uma "missão impossível", é um desejo, uma escolha, um compromisso e pode ser desenvolvida! Acredite!

A arte de liderar: as atitudes estão à frente das palavras

Damarys Rodriguez Viganó Montes

LINKEDIN

Curiosa por liderança, corajosa por natureza e mãe coruja. Executiva jurídica, especialista em Direito e Processo do Trabalho pela Universidade Mackenzie e em Direito Corporativo e Compliance pela Escola Paulista de Direito. Especialista anticorrupção CPC-A pela Legal, Ethics & Compliance, certificada Data Protection Officer pela EXIN@ e associada ao Compliance Women Committee. Mestre em Lei Geral de Proteção de Dados (LGPD) e General Data Protection Regulation (GDPR) pela Universidade de Lisboa. Coautora dos livros "Mulheres no Direito", pela Editora Leader, e "LGPD para contratos: Adequando contratos e documentos à Lei Geral de Proteção de Dados", da Saraiva.

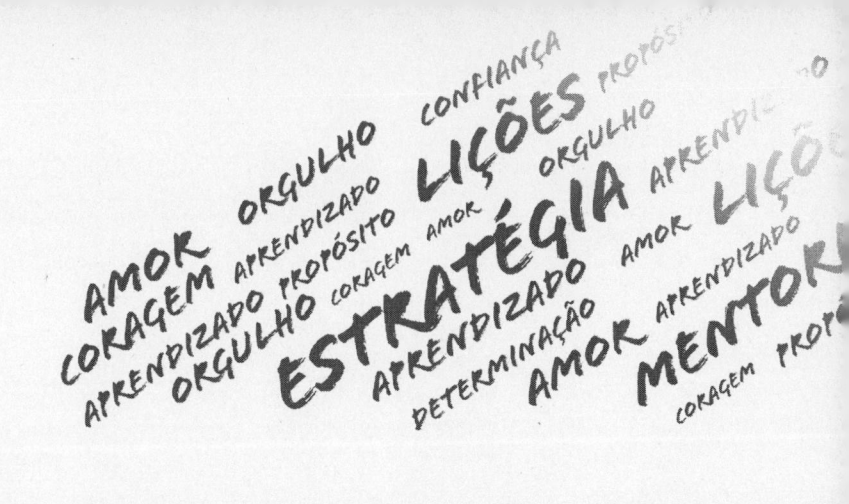

AMOR ORGULHO CONFIANÇA LIÇÕES PROPÓSITO CORAGEM APRENDIZADO ORGULHO APRENDIZADO PROPÓSITO CORAGEM AMOR ESTRATÉGIA ORGULHO APRENDIZADO LIÇÕES APRENDIZADO AMOR DETERMINAÇÃO AMOR APRENDIZADO MENTOR CORAGEM PROP

> "Acredito que a liderança não é solitária, mas solidária. Desenvolver talentos, dar luz ao que cada pessoa tem de melhor e apoiar no desenvolvimento de cada uma delas se tornou um propósito e só é possível se você tocar a alma da outra pessoa, genuinamente."

Refletir sem responder, é possível?

Faremos um combinado nesta jornada de leitura e propondo uma reflexão sobre as três perguntas:

O que te move? O que te movimenta? Você reage ou você responde?

Antes de compartilhar sobre os desafios da liderança, porque liderar é uma construção diária e contínua, deixo as três perguntas para genuína reflexão, portanto, respire, se dispa de qualquer convicção, observe a sua jornada pessoal e profissional e se questione.

A resposta pode ser dolorosa, mas a verdade é que somos movidas, todos os dias, por ideias e sonhos que, muitas vezes, parecem distantes demais para sair do papel; mas o que o movimenta, também, costuma doer. São sentimentos que nos movem e situações acumuladas, que, então, nos movimentam. Para sairmos do lugar, em rumo aos nossos sonhos ou aos nossos desafios, são necessários ambos.

E quando lancei as perguntas, você reagiu ou respondeu?

A jornada da construção de uma liderança requer reflexões, o tempo todo. Se reajo, de forma imediatista, posso não ter compreendido o que me foi proposto, é uma reação automática dos meus vieses inconscientes e, acredite, estamos cheios deles em todas as nossas ações; mas, se eu respondo, dou a mim e ao outro a oportunidade de compreensão, da administração dos sentimentos, do balanceamento dos prós e dos contras e a oportunidade de formular, de forma respeitosa e solidária, a resposta. Desta reflexão contínua, aprendi que responder é o melhor caminho.

Essa jornada não foi simples, o silêncio, por diversas vezes, custou a saúde física e mental para a administração dos sentimentos e quando entendemos que não estamos preparados, nem hoje, nem amanhã e em qualquer outro momento para todas as respostas imediatistas que buscamos, nasce a reflexão e a mudança do nosso comportamento.

Liderar a si mesma é o primeiro passo para a construção de uma liderança inspiradora, se dando a chance de começar por você e, se for menos que isso, tenha clareza que não vale a pena, então, comece por VOCÊ.

Cargo de liderança não é sinônimo de liderar

Iniciei no cargo de liderança aos 23 anos, em uma grande banca de advocacia, mas me tornei uma líder somente aos 30 anos, quando meu filho nasceu. A experiência de administrar o inadministrável foi o *start* da mudança de *mindset*.

E você pode perguntar "mas Damarys, como assim, sete anos depois?" Simples: o cargo de liderança chegou em um processo de evolução da minha carreira, com a assunção de novas responsabilidades e com a gestão de pessoas, incríveis pessoas que me ajudaram muito nesse caminho, mas eu desconhecia o poder de tocar na vida das pessoas, de forma inspiradora, para que elas se tornassem, a cada dia, melhores. Isso é um processo que chegou dia após dia e não veio concomitantemente ao cargo.

Até a experiência pessoal de uma UTI Neonatal, aos 30 anos, a minha experiência de liderar se baseava em sentimentos e oportunidades para um campo de visão restrito. Desconhecia a sensação de mudança total de planos, sem qualquer controle; do absolutamente inesperado; da ausência de explicação, sentido e coerência da vivência, agora, de uma UTI Neonatal. Em segundos, a minha resiliência foi colocada à prova, em um minuto inundada de alegria pela chegada do meu filho e, no minuto seguinte, a experiência devastadora de vivenciar o desconhecido.

Sim, a experiência de liderar veio do momento mais difícil da minha vida e para o qual não estamos preparadas. A vida parecia, até então, previsível e minimamente controlada, com intercorrências e mudanças esperadas, mas estável. Essa vivência de mudanças boas e previsíveis deu lugar, então, à instabilidade e um caminho sem respostas que, depois do furacão, só deixou, ainda mais evidente, que a liderança precisa passar por todas as fases para ser, evolutivamente, melhor a cada dia.

A inquietude e o silêncio andam juntos

Como todo processo de evolução, a inquietude da situação e o silêncio, tão necessário para compreensão, andam juntos. Fechei-me no mundo do que eu não entendia, durante eternos 34 dias de UTI Neonatal até a alta do meu filho, entrei uma pessoa e saí de lá (re)construída. Liderar meus sentimentos foi um processo desafiador, mas me tornou uma pessoa que encontrou no cargo de liderança oportunidade de desenvolver pessoas para que ousem, voem, sejam melhores e toquem o coração do outro. Me perder para me encontrar foi essencial.

A inquietude faz parte da natureza humana, a vida regada a ciclos proporciona diversos recomeços: não está se encontrando aqui, mire o olhar para novos caminhos.

A princípio, a frase proporciona uma simplicidade imensa e a prática, outro mundo. De fato, é isso mesmo. Sair da zona de conforto, mergulhar no desconhecido é um processo desconfortante, que requer muita dedicação, já que os percalços no caminho são a única certeza. Certamente, em algum momento, você também já saiu da sua zona de conforto.

Acredito que a liderança não é solitária, mas solidária. Desenvolver talentos, dar luz ao que cada pessoa tem de melhor e apoiar no desenvolvimento de cada uma delas se tornou um propósito e só é possível se você tocar a alma da outra pessoa, genuinamente. Se há a oportunidade de compartilhar conhecimento, histórias e experiências, boas ou ruins, crio a conexão com as pessoas, demonstro minhas fragilidades, me emociono, trago transparência na fala e nas atitudes e mostro-me humana, como, de fato, somos.

Liderar é ouvir, é apoiar, é estar e se existe uma barreira ou uma distância do verbalizado e das atitudes não fica claro o quão importante aquela pessoa é no grupo, na sua equipe, na sua vida, então, o que você verbaliza virá acompanhado da sua atitude construída no dia a dia. A confiança não se constrói no *feedback* anual, no alinhamento mensal, no bom-dia de vez em quando, na ausência de interesse pela outra pessoa, é uma sementinha semeada diariamente e, por esse motivo, liderar requer dedicação contínua e verdadeira.

A dedicação se encontra nos detalhes

No ambiente corporativo, atire a primeira pedra quem nunca ouviu algumas frases como: "a pessoa nunca tem agenda"; "zero acesso"; "é mais fácil falar com Deus, do que com aquela pessoa" e elas independem do cargo ou hierarquia nas organizações, mas são rotineiras e, na maioria das vezes, não causam espanto aos ouvintes, o que, a meu ver, ainda é mais espantoso.

Liderança é postura, independe de cargo, porque inspirar pessoas é o propósito de quem quer liderar, seja uma atividade, um projeto, uma pessoa, cem ou milhares. Portanto, a primeira verdade que trago é: "Não seja Deus, seja a pessoa em que outras pessoas se inspiram, se não é possível falar naquele instante, retorne quando possível; agradeça; peça desculpas; fale bom dia, boa tarde e boa noite; ouça o que o outro fala com ouvidos e coração. E se isso parece tão básico, muitas vezes, na correria do dia a dia e no *loop* do automático, saem do radar, tornam-se atitudes que desmotivam as pessoas ao seu redor. Dedicação é a palavra-chave.

E por falar em palavra-chave, inspirar pessoas só é possível se a sua fala mantiver sinergia com a sua atitude. Não, você não é perfeito, comete erros, tem intercorrências e, muitas vezes, necessidade de priorização das entregas, mas uma pessoa líder só terá a confiança de uma equipe e das pessoas ao seu redor se suas atitudes estiverem à frente de suas palavras, portanto, dizer que está com a equipe para o que der e vier e o quão são importantes precisa ser sentido, antes de ser verbalizado.

Me apronto!

A preparação para liderar está diretamente ligada à quantidade de energia e dedicação que você depositará para esse *start* interior.

Ninguém acorda líder, após uma bela noite de sono, portanto, a arte de apoiar as pessoas e incentivá-las ao que têm de melhor e dos pontos necessários ao desenvolvimento é um processo que começa por você. Já reparou quantas vezes é necessário lidar com situações que mostram a nossa falta de experiência ou conhecimento sobre determinado assunto, deixando claro que é preciso enfrentar os medos e temas que não dominamos, criando um plano de ação para suprir os pontos que ainda estão em desenvolvimento. O projeto, aqui, é ser a melhor versão de si mesma.

Portanto, se você não está pronta, se apronte! A oportunidade de liderar aparecerá, talvez, no momento em que você não se sinta preparada, mas doar-se com dedicação e aliar o medo ao desenvolvimento é o caminho para a evolução. Você nunca chegará a não ter 100% das respostas, mas se tiver 100% de dedicação e o imenso desejo de ajudar, sem receio das falhas e da autocobrança eterna, assumir novos desafios o(a) levará a novos patamares!

Voe!

Liderança Feminina

Daviane Chemin

É fundadora da DRChemin Resultados Humanos, empresa voltada à transformação de culturas empresariais, *design* organizacional, sucessão em empresas familiares, gestão do conhecimento, implementação e gestão de RHs estratégicos, desenvolvimento de líderes e equipes. Sua experiência de mais de 25 anos em RH foi também construída em organizações multinacionais como Volvo do Brasil, Audi/Volkswagen do Brasil e no Sistema Fiep, onde atuou como diretora de Recursos Humanos. Foi vice-presidente da ABRH Brasil, presidente da ABRH-PR e é atual conselheira da ABRH-PR. Possui formação em Psicologia, com MBA em Gestão e Desenvolvimento de Equipes pela Fundação Getulio Vargas (FGV), certificação internacional em Programas de Educação, Desenvolvimento Organizacional e Inovação, bem como formação para atuar como Conselheira pelo IBGC. Na esfera acadêmica atua como docente em programas de pós-graduação. Foi mentora e coautora da obra "Organização Inspiradora e Pessoas Realizadoras", do Sistema Fiep, coautora dos livros "Mulheres, Elas Fazem História", junto ao MEX (Espaço Mulheres Executivas do Paraná), "FELICIDADE – Uma Investigação", do Sinepe/PR (Sindicato das Escolas Particulares do Paraná), "Mulheres do RH: O Poder Feminino na Gestão de Pessoas", da Editora Leader, "PESSOAS, o caminho e a resposta", do Isae-FGV, e "Histórias trágicas que se tornaram cômicas – uma versão bem humorada do mundo do RH".

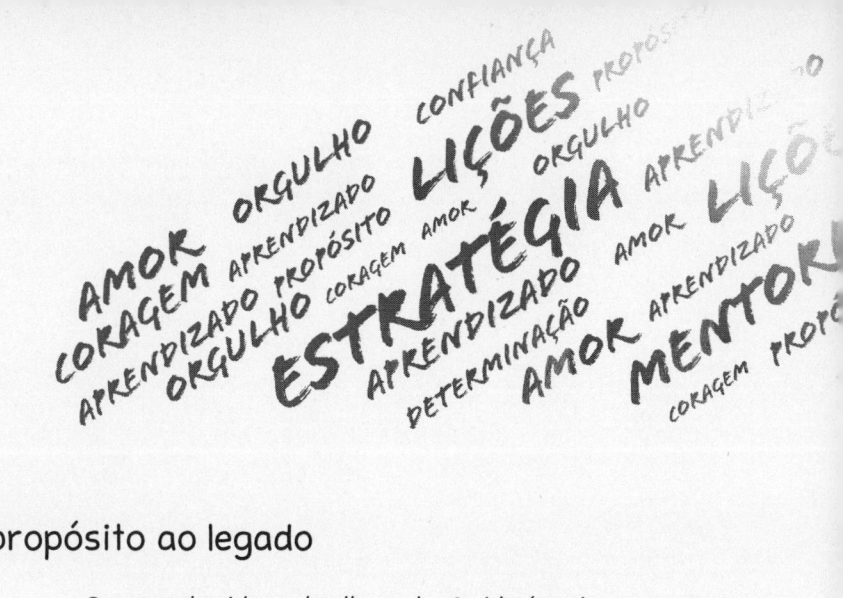

AMOR ORGULHO CONFIANÇA LIÇÕES PROPÓSITO CORAGEM APRENDIZADO ORGULHO APRENDIZADO PROPÓSITO CORAGEM AMOR ESTRATÉGIA APRENDIZADO AMOR LIÇÕES ORGULHO APRENDIZADO AMOR DETERMINAÇÃO AMOR APRENDIZADO MENTOR CORAGEM PROPÓ

Do propósito ao legado

O correr da vida embrulha tudo. A vida é assim: esquenta e esfria, aperta e daí afrouxa, sossega e depois desinquieta. O que ela quer da gente é coragem." – Guimarães Rosa

Nas próximas linhas vou contar minha trajetória como profissional de RH, permeada por histórias que contribuíram para o meu desenvolvimento e crescimento como executiva. É o meu propósito que, desde o início tem sido o fio condutor das aprendizagens relatadas a seguir e que agora me inspiram e me motivam a deixar um legado.

Aos 22 anos de idade inicio minha jornada profissional dentro de uma organização. Foi no RH da Volvo do Brasil.

Posso dizer que sou uma profissional privilegiada, pois já nos primeiros dias de trabalho percebi que estava no lugar certo, na hora certa.

Seria isso intuição? Sim!

E aqui já ouso dar a minha primeira contribuição para você, leitora deste capítulo:

Números, objetivos, métricas e conceitos são importantes, mas ouvir o coração é parte fundamental da equação.

Sentia que a vida me fazia um convite: estar a serviço da humanização das empresas. Descobri ali o meu propósito, termo que nem se usava na época. Com o tempo fui constatando que, ao colocar o ser humano no centro das estratégias e decisões empresariais, os negócios cresciam enormemente e, principalmente, as pessoas se desenvolviam, se realizavam e evoluíam.

Ah, sim... No meu percurso profissional, também observei resultados frustrantes quando via o ser humano sendo colocado à margem das atividades organizacionais em que a produtividade e a qualidade eram exigidas para serem entregues a qualquer custo. E a pergunta que hoje eu faço com muita segurança para meus clientes é: qual o custo do resultado entregue a qualquer custo? Sempre que me deparava com esta dura realidade, tentava confirmar com números e indicadores o quanto a falta de cuidado com as pessoas impactava negativamente os negócios. Algumas vezes tive êxito, outras não.

Nesses tipos de organização muitas vezes fui taxada de ser sonhadora, poética.

Mas os números não mentem. Uma pesquisa da FIA – Fundação Instituto de Administração – mostrou que empresas humanizadas têm 224% a mais em satisfação dos colaboradores, 239% a mais em satisfação dos consumidores e 132% de retorno sobre o investimento superior (em 16 anos) em relação às empresas comuns.

O que isso tem a ver com liderança feminina? Importante sempre embasarmos nossos trabalhos em números que impactam o colaborador e o negócio, para não carregarmos o estigma de sermos vistas como "vendedoras de ilusão".

Paulatinamente, o propósito de "zelar pelo ser humano" vem conquistando espaço nas organizações, e tentar fazer a minha parte neste processo é muito recompensador.

Atualmente tenho minha empresa focada em transformação de culturas empresariais, chamada de RH, não de "recursos humanos", mas de "Resultados Humanos".

Se não for divertido não é sustentável

Quem encontra significado no que faz se realiza e se diverte no trabalho. Foi ainda na Volvo que encontrei o exemplo de uma líder inspiradora e bem-sucedida – Sonia Gurgel – que mostrava que a diversão não comprometia a produtividade e a qualidade de nossas entregas, muito pelo contrário.

E anos depois, como diretora de RH, estas experiências do passado serviram para que eu conseguisse ajudar as pessoas da minha equipe e de outras áreas a estarem no lugar certo, na hora certa, a fazerem o que lhes dava brilho nos olhos e, como consequência, a se divertirem.

Nessa realidade, trabalhávamos muito, mas no divertíamos demais. Éramos uma área reconhecida por entregar resultados com impecabilidade e ao mesmo tempo por ser feliz.

Um dia precisei levar minha filha – Mariana – para o trabalho. Ela estava na época com sete anos de idade, e, vendo nossa dinâmica, disse com empolgação: "Mãe, vocês se divertem igual a mim com meus amiguinhos na escola". Quer *feedback* melhor?

Costureiras tecendo para o bem comum

Voltando à minha primeira experiência na Volvo, foi lá que aprendi a "costurar".

Minha avó era costureira, minha mãe trabalhou com costura, minha gestora fazia "altas costuras" e eu me vi ao longo de minha carreira" costurando".

Toda vez que essa líder de RH se deparava com uma equação difícil de resolver, ou com a necessidade de propor inovações, "alinhavava" com todos os *stakeholders*, ouvindo-os, e convidando-os a fazerem parte das novidades que precisavam ser implementadas ou problemas a serem solucionados. Assim, conseguia que pessoas-chave apoiassem e patrocinassem as iniciativas do RH que beneficiariam os colaboradores e a organização como um todo. Desta forma conquistava a confiança de pessoas-chave, e tinha cada vez mais credibilidade e influência para colocar em ação iniciativas para o bem comum.

Foi assim que comecei a costurar, "fiando" com as diversas partes interessadas das empresas por onde passei iniciativas importantes e necessárias para humanizar os negócios e, assim, garantir a entrega de resultados sustentáveis.

Um divisor de águas

Trabalhava horas a fio. E este modelo não se sustentou.

Chegava em casa muito tarde. Minha filha já estava pronta para dormir. Ao ler histórias para Mariana, ela me advertia:

— Mamãe, mais entonação!!!!

Eu tinha a equivocada crença de que para crescer teria que renunciar a outras dimensões da vida, me dedicando, a maior parte do tempo, ao trabalho.

Esse modelo não deu certo. Estava infeliz e muito cansada, comprometendo principalmente a convivência nos primeiros anos com minha filha. A questão não era com a empresa, era sim de minha responsabilidade, da minha falta de posicionamento.

Nesta condição comia apenas uma "fatia do bolo", chamada: trabalho.

Foi em terapia que descobri o valor do autorrespeito. A partir dali, comecei a impor limites, parei de carregar "o mundo nas costas" e passei a ser respeitada como líder mulher.

Comecei a degustar o bolo inteiro, comendo as fatias da maternidade, da feminilidade, de uma vida social ativa, da convivência com amigos, tendo *hobbies* como o hábito de leitura e contemplação da vida. Passei a ter mais brilho nos olhos. A ter credibilidade. Ao contrário da minha crença equivocada, me tornei uma pessoa com um repertório diverso, mais interessante para a empresa e passei a contribuir ainda mais com os resultados da organização.

E, com este brilho nos olhos, logo fui promovida a diretora, a única mulher no meio de 12 executivos.

Ao contrário de minha inicial crença limitante, esta mudança existencial em várias esferas trouxe-me inusitados ganhos que repercutiram positivamente na minha atuação profissional.

Hoje, na minha empresa, focada em transformação de culturas empresariais, procuro praticar estes valores que aprendi até então e apoiar lideranças, RHs e colaboradores a estarem conscientes do seu papel em suas organizações e na sociedade como um todo.

Sem querer querendo, preparadas para estes novos tempos

Vivemos num cenário de contrastes. A miséria, a fome, a exclusão, as guerras, a corrupção coabitam no mesmo mundo com a abundância, a inclusão, a ética, o respeito e a paz.

Nas organizações não é diferente. Egos, competição, corrupção, exclusão do diferente, disputas de poder fazem contraste com consciência, ética, espírito de colaboração, inclusão, bem-estar e felicidade.

É o "egossistema" orientado para interesses individuais, convivendo com o ecossistema, voltado ao bem comum. No contraste ganhamos consciência. O ser humano que destrói é o mesmo que cria uma espiral virtuosa de crescimento, felicidade e bem-estar.

Nesta realidade emergente, a constituição da mulher, a caminhada histórica de nossas antepassadas e a cultura onde estivemos inseridas, imprimiram em nosso "DNA" características importantes para apoiarmos o surgimento de um novo contexto, mais saudável, que proporcione o crescimento sustentável de muitos.

Nas linhas a seguir usarei um "DE – PARA" no sentido de falar de comportamentos que precisam ser abandonados e aqueles que precisam brotar. Ou seja, o que precisamos "deixar ir" para "deixar vir", no sentido de trazer mais saúde para as empresas.

Do ego para a consciência

Quando falo de ego aqui, digo aquele sentimento de inadequação, de não se sentir bom o suficiente.

Para driblar esta sensação de menos-valia achamos equivocadamente que temos valor quando conquistamos cargos, poder, aplausos constantes ou dinheiro.

Somente quando nos conhecemos profundamente ganhamos consciência de que somos feitos de sombra e luz, temos valor assim mesmo e nas "imperfeições" ganhamos a possibilidade de crescer como ser humano, aprender e evoluir.

A nós mulheres foi nos permitido chorar, pudemos muitas vezes entrar em contato com nossos sentimentos e emoções, e junto com isto maior abertura para um processo de autoconhecimento.

Da rigidez para a resiliência:

Na minha história familiar, se fazia distinção sobre o que os meninos poderiam fazer e o que as meninas não podiam.

Lembro que, com muito jeitinho com meus pais, conseguia

o aval para sair com os amigos, viajar, ir a shows, namorar. Primeiro costurava com o pai, depois com a mãe, e no final nem tudo dava certo. Lidar constantemente com as frustrações fizeram parte do meu dia a dia desde cedo.

Acredito que esta realidade não tenha sido privilégio meu. Muitas de nós tivemos que lidar com os "nãos". E, certamente, no mundo do trabalho, precisamos usar muita flexibiiidade para resolver problemas e gerar inovações, e de alguma maneira, não intencionalmente, nos preparamos naturalmente para isto.

Da dificuldade de adaptação para a versatilidade

Equilibramos muitos pratos: maternidade, casamento, vida social, trabalho e o cuidado conosco mesmas. Estas dimensões que convivem no nosso dia a dia nos capacitam a fazer muitas atividades ao mesmo tempo, a nos adaptarmos a contextos incertos, complexos, dinâmicos e voláteis. Tal condição nos ajudou a sermos versáteis no mundo do trabalho, competência fundamental para conciliar várias funções, frentes de trabalho, compromissos e desafios que a multiplicidade dos negócios e a complexidade das empresas nos apresenta a todo momento.

Nesse malabarismo para dar conta de tantos papéis vamos ganhando espaço, pois a vida na organização não é linear, e nos desafia a sermos polivalentes continuamente.

Da exclusão para a competência de inclusão e diversidade

Desde nossas antepassadas muitas de nós tivemos que lidar com filhos diferentes, temperamentos, gostos e posicionamentos distintos dentro da mesma casa. Aproveitar o que cada um traz de melhor, pensando no bem da família e no desenvolvimento de nossos familiares, foi e é uma constante em nossa vida.

Isso nos treinou a usarmos abordagens diferenciadas com nossos colaboradores e colegas de trabalho, valorizando visões e contribuições únicas a serviço do atingimento de resultados que beneficiem o todo da organização.

A competência organizacional do século são a inclusão e a diversidade, já que o universo empresarial vem compreendendo que as melhores soluções só podem emergir das diferentes visões, raças, etnias, gênero, crenças e orientação sexual.

Como ilustração, organizações altamente inclusivas têm um desempenho 170% melhor em inovação, segundo pesquisas da empresa Deloitte.

Do ensino tradicional e tecnicista para a educação transformadora

Os métodos tradicionais de educação não dão mais conta de trazer respostas aos novos desafios organizacionais que se apresentam para nós todos os dias.

A educação que agrega valor é aquela que acontece pela via da reflexão, da experiência, da convivência e das conversas que ampliam nosso repertório.

Nós, mulheres, somos conhecidas por conversar e muito, em especial com amigas e colegas de trabalho. Trocamos figurinhas o tempo todo. Relação com filhos, casamento, separação, envelhecimento dos pais, moda, autocuidado fazem parte destes momentos de compartilhamento.

Novas aprendizagens e perspectivas em nosso trabalho se dão principalmente com estas trocas, ampliam sobremaneira nosso repertório de vida e proporcionam, assim, condições de darmos conta de dilemas organizacionais que se apresentam a todo momento.

O legado

Que legado quero deixar, em especial para as mulheres?

Desejo que a minha teimosia em servir a meu propósito possa ajudar outras pessoas a encontrar o seu.

Anseio que o amor pelo que faço possa apoiar empresas a humanizarem seus negócios e acreditarem que só assim terão resultados sustentáveis.

Almejo que todos – famílias, professores, RHs, líderes empresariais – acreditem no potencial inteligente e criativo ilimitado das pessoas. Elas são o início, o caminho e a resposta para quaisquer soluções e inovações que precisem emergir neste novo contexto de mundo.

Que minhas experiências possam suavizar o caminho das gerações de mulheres que querem fazer a diferença.

Reverência - Agradecimentos

Quero aqui prestar reverência, em primeiro lugar, à minha avó Maria, que está com 101 anos. Ela foi professora de costura com 24 anos de idade, numa época em que a mulher não tinha espaço no mundo do trabalho. Lúcida, continua nos inspirando com sua visão de vanguarda.

Agradeço a Marília, minha fascinante mãe. Visionária, grande empreendedora, uma realizadora de mão cheia. Aprendi com ela o prazer de realizar, de tirar as ideias da cabeça e colocar para funcionar no mundo, em especial no empresarial.

Não posso deixar de agradecer à minha filha, Mariana, que demonstra ser possível conciliar a feminilidade, a delicadeza, com a força e a firmeza de propósitos e convicções.

Tenho muito orgulho de sua caminhada, pois constato hoje

que ela descobriu muito cedo, aos 15 anos, a sua vocação: estar a serviço de curar "almas" através do exercício da Psiquiatria.

E, por fim, agradeço a todas as mulheres que me inspiraram e facilitaram minha jornada para que eu exercesse meu papel no mundo e no universo empresarial.

Liderança prática da área de recursos humanos

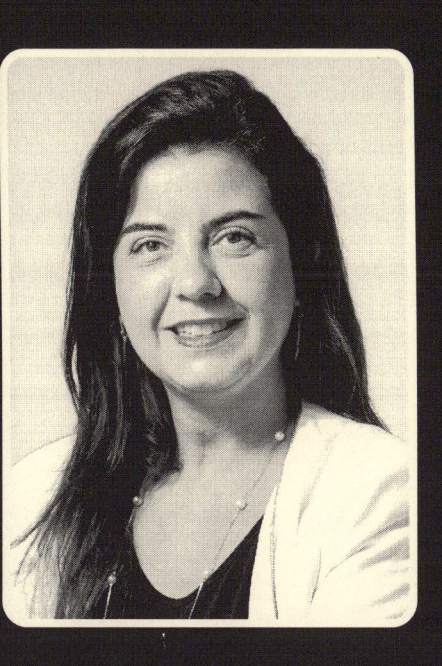

Débora Helena da Silva Pinto

LINKEDIN

É doutora em Sociologia pelo Iuperj, mestre em Economia e Gestão Empresarial e pós-graduada em Gestão de Recursos Humanos, ambos pela UCAM, e graduada em Administração pelo Cefet/RJ. É executiva na área de Recursos Humanos, com mais de 20 anos de experiência, adquirida em empresas de grande porte como: Ambev, TIM, Chevron, Merck, Brookfield, Michelin, Allianz Global Corporate & Specialty, MAG Seguros e, desde 2021, Generali Brasil Seguros. Apaixonada pela área de RH, já atuou também como docente e realiza pesquisas na temática diversidade, sobretudo em ações afirmativas e hiato de gênero e raça.

Introdução

Ter um melhor salário e uma carreira de sucesso são sonhos comuns de quem está inserido no mercado de trabalho. No entanto, equivocadamente, acredita-se que isso é possível apenas quando se está numa posição de gestão, de liderança. Daí ouvirmos tantas histórias desastrosas de excelentes profissionais em níveis técnico, especialista, ou outros, que não deram certo nessa missão. Afinal, ser líder não é simplesmente ocupar um cargo de gestão e sim ter uma missão, que passa necessariamente pelo desenvolvimento da equipe para prepará-la para o futuro dentro de uma organização. Este é meu propósito enquanto líder da área de Recursos Humanos.

Acredito que algumas coisas me legitimaram como líder desta área: trabalhar duro, com transparência, sempre estimulando o diálogo, a crítica e a criatividade. Desde criança, gostava de estabelecer o que as pessoas na minha casa deveriam fazer para manter a organização do lar. No ambiente profissional, sempre procurei observar as características dos meus antigos gestores, mesmo aqueles de quem eu não gostava (foram poucos!), para criar o meu modelo do que funciona e do que não funciona quando se é líder. Isso foi muito importante, já que estou à frente de uma área que tem a responsabilidade de treinar os gestores no que fazer e no que não fazer. Obviamente, a experiência prática como líder fez toda a diferença assim como: aprender a posicionar-me na hora certa, medir as palavras, entender as estruturas de poder, ter a sensibilidade de recuar ou avançar nas decisões tomadas. Ou seja: precisei desenvolver habilidades que não são ensinadas na universidade. No início, precisei também atuar com uma dose a mais de rigor, pois não foi fácil ser uma liderança feminina de uma área estratégica, que administrava diversas exceções, antes mesmo de completar 30 anos de idade. Atualmente, me permito agir com mais flexibilidade, sem, contudo, perder o rigor.

O meu modelo de liderança

Acima comentei sobre o que funciona e o que não funciona na liderança de uma área. Você, leitor, deve estar pensando: cada pessoa é única, cada empresa tem uma realidade diferente, será que é possível criar um modelo ou um padrão de como ser e agir enquanto líder? A resposta é sim. Criei os meus Dez Mandamentos enquanto líder de RH.

Sempre gosto de começar trazendo o que é positivo. Então, vamos lá: segue a lista do que funciona e do que fazer, os *DOs*, na liderança da área de Recursos Humanos:

– **Crie uma rotina de reuniões** com a equipe, mas lembre-se: com pauta definida.

Parece algo óbvio, mas os líderes são "sugados" por outros compromissos e muitas vezes acabam adiando essas reuniões e perdendo esta oportunidade tão rica de integração, atualização e alinhamento com a equipe. A frequência das reuniões dependerá da maturidade dos integrantes. Gosto de fazer reuniões quinzenais porque assim é possível que as pessoas tenham tempo para darem andamento aos itens tratados na reunião anterior. O excesso de reuniões não agrada a ninguém. Caso seja necessário adiar a reunião com a equipe, o líder não deve se sentir culpado, mas é sempre bom explicar o porquê do adiamento. A pauta definida é fundamental para que os assuntos sejam tratados dentro do tempo previsto para a reunião. Sempre, no entanto, é bom reservar alguns minutos para as discussões que irão surgir.

– **Estimule o contraditório, o pensamento crítico e o diálogo.**

Mesmo que na sua equipe haja membros que gostem de trazer contribuições ou perguntas, normalmente são sempre as mesmas pessoas. Então, como líder, gosto de estimular que os mais tímidos participem e coloquem seus pontos de vista. Aos poucos, é possível perceber como eles só esperavam um estímulo para falarem.

– **Compartilhe (dentro do que for possível) fatos relevantes** da organização ou do mercado que afetem a estratégia.

É muito comum que a área de RH seja a primeira a saber de mudanças estruturais que irão acontecer. É importante que a equipe de RH seja informada antes de receber o anúncio pelos canais de comunicação interna. Essa transparência se traduz em respeito e confiança da equipe. Outros fatos relevantes que gosto de compartilhar: resultados organizacionais, rumos do negócio ou linhas de negócio, *benchmarkings*, posicionamento de concorrentes, *feedbacks* de reuniões executivas, etc.

– **Defina um estilo de liderança.**

Se você é um líder mais centralizador e quer estar a par de todos os assuntos, tente o quanto antes dizer isso para a equipe. Não há nada mais chato do que ficar relembrando a equipe que quer ser copiado (a) em todos os e-mails. Defina um modo de trabalho de preferência logo que assumir a equipe. Por outro lado, se você optar por delegar, primeiramente, é importante verificar se você concedeu autonomia suficiente para a equipe executar as tarefas sem você. O famoso *empowerment* (livre tradução: empoderamento) precisa ser conferido às pessoas. Neste caso, também é importante confiar que as tarefas designadas a elas serão entregues, mas estabelecendo uma frequência de acompanhamento (*follow-up*) da evolução destas. Há líderes que gostam de delegar, contudo, ficam colados ao empregado até que a tarefa seja entregue. Agindo dessa forma, o empregado percebe a falta de confiança da liderança em seu trabalho. Nestes novos tempos, de teletrabalho e modelos híbridos (presencial e remoto) de atuação, delegar sem confiar é pior do que centralizar.

– **Dê *feedbacks* sobre o desempenho da equipe.**

Algo que você, leitor(a), já deve ter ouvido falar diversas vezes e, embora óbvio, no dia a dia, verá que há líderes que esquecem de tratar o problema, esquecem de dar o *feedback* ou de celebrar vitórias conquistadas pela equipe. Gosto de elogiar publicamente os trabalhos e soluções trazidas pelos membros da minha equipe.

– **Crie uma conexão com a equipe.**

A conexão é algo genuíno, verdadeiro. O líder precisa conhecer a equipe não apenas em aspectos profissionais como também nos pessoais, respeitados os limites individuais e sem ultrapassar a sutil barreira da intimidade. Em outras palavras: é bom que o líder pergunte de forma ampla sobre a família de quem trabalha com ele, sobre interesses pessoais, mas evitando conversas que tragam à tona assuntos de foro íntimo, como discussões matrimoniais, problemas de endividamento, etc.

Agora, vou trazer o que não funciona e o que não fazer, os *DON'Ts*, na liderança da área de Recursos Humanos e que se aplica a outras áreas:

– **Não realize comparações entre os membros da equipe.**

Cada pessoa reage de maneira diferente a um estímulo, mas, em geral, ser usado como modelo positivo ou negativo de algo, em comparação ao colega de trabalho, é péssimo. Além disso, cria-se um clima de conflito e competição na equipe.

- **Não desestimule uma ideia publicamente.**

Ao receber uma ideia publicamente, e caso na sua visão ela esteja descontextualizada ou não faça sentido, abra o diálogo com os demais membros da equipe para que tragam suas ponderações antes de você. Desestimular uma ideia é regredir na inovação dos processos da área. Sendo líder da área de RH, que tem muitos protocolos e requisitos legais para serem cumpridos, é importante dar o espaço para se pensar "fora da caixa", evitando assim a robotização dos pensamentos e das atitudes.

- **Não deixe um membro da equipe "esquecido".**

Como dito anteriormente, a agenda dos líderes é quase sempre cheia e concorrida, sem falar dos prazos apertados para as entregas. Mesmo que você esteja cuidando de um tema que exija mais da sua atenção em detrimento de outros, procure explicar o porquê de não estar conseguindo focar nos outros temas da área à pessoa responsável. Isso demonstra respeito a ela. Eu também gosto de explicar que, embora o assunto não seja tão urgente, está na minha lista e, assim que possível, agendarei uma reunião para tratá-lo.

- **Não despreze um *feedback* vindo da equipe para você.**

Feedback é bom para todos. No entanto, quando ele vem da equipe para o líder, existe a tendência de se minimizar o que é trazido. As justificativas variam: a pessoa não gostou de determinada conversa que teve com o líder, ou não está desempenhando bem, ou gosta de criticar muito, etc. O líder deveria agradecer por receber um *feedback* diretamente do time, evitando assim as terríveis conversas de bastidores. Eu acredito que quem está no barco junto com a gente é porque quer o nosso bem, então é importante refletir sobre o *feedback* trazido, pedir exemplos e mudar a forma de agir.

Meu modelo de liderança em termos práticos

Agora vamos colocar em prática o modelo. Supondo que você tenha sido contratado para liderar uma equipe de RH, já consolidada e experiente em uma grande multinacional. Você já foi gestor em outras empresas, mas de uma equipe mais júnior e, por isso, tinha na sua rotina reuniões individuais com cada membro. A primeira coisa é avaliar se esse modelo de reuniões individuais faz sentido para este grupo mais experiente. Com certeza, no início sim, porém o principal será definir a periodicidade das reuniões com a equipe. O ideal é que as pautas sejam definidas antecipadamente. Gosto sempre de deixar uma tarefa ou uma pergunta para que seja respondida por algum membro da equipe na reunião seguinte.

Após fazer uma primeira reunião em grupo, agende as individuais procurando criar a conexão. Entenda a trajetória de cada pessoa na empresa, suas expectativas e eventuais frustrações. Procure entender o contexto familiar, sem ultrapassar o limite que mencionei anteriormente. Anote tudo. E outro aspecto fundamental na minha visão é buscar o histórico de desempenho de cada membro e os comentários feitos pelos antigos gestores.

Nas reuniões individuais, aproveite para solicitar que cada um deles apresente sua própria descrição de cargo. Pergunte o modo como cada tarefa é executada e questione se algo já foi feito para que a atividade se tornasse mais dinâmica, ou executada com menos tempo ou mais qualidade. Além de estimular a criatividade e o pensamento crítico, isso o(a) ajudará a verificar se a distribuição de tarefas está equilibrada entre os membros. Pergunte sobre o que, na visão deles, como equipe de RH, precisa ser ajustado e o que eles observam como principais desafios da empresa. Deixe claro o seu estilo de liderança. Reúna-se também com os principais líderes de outras áreas da empresa e cruze as percepções, entendendo como sua área pode contribuir mais para o negócio. Nada mais é do que fazer a análise de hiato das percepções (*gap analysis*).

Ainda neste exemplo, supondo que você esteja chegando nesta empresa na época de orçamento de pessoal, que sempre ocupa bastante o tempo de todo gestor de RH. Por razões óbvias, as pessoas da equipe dedicadas a este tema e *headcount* (número de empregados) estarão mais próximas a você. Explique isso na reunião de equipe e solicite que os demais elenquem os assuntos que gostariam de tratar com você assim que a fase de orçamento passar. Sem culpas, você é o líder e precisa também saber priorizar. Caso haja algum assunto urgente, escute, instrua e "empodere" (do inglês: *empower*, livre tradução) este membro da equipe a pelo menos endereçar o tema. Isso ajudará você a construir a sua própria percepção sobre a experiência e desempenho deste membro.

Passada a fase de orçamento, você já deve ter o seu caderno com algumas páginas escritas. Assim que possível, crie a sua lista de principais entregas da área e respectivos prazos.

Estimule que cada membro da equipe apresente as melhorias vislumbradas para a área de RH. Neste momento, aproveite para avaliar a sinergia dos membros da sua equipe. Se algo parecer estranho, aprofunde a questão com reuniões individuais e trate o quanto antes. Não há nada mais difícil do que liderar uma equipe na qual os membros não se comuniquem bem ou fiquem em permanente conflito. Certamente, isso extravasa os limites da área de RH. Deixe que a própria área priorize as melhorias e avalie se elas cabem no orçamento daquele ano. Ao final, decida observando a balança: custo e benefício.

Procure valorizar o que foi feito até a sua chegada e estimule que as pessoas mais experientes sejam porta-vozes do RH em outras reuniões da empresa e não apenas você, líder da área. Com relação aos menos experientes, traga trabalhos novos, na forma de projetos, a serem executados por eles, assim você poderá acompanhar de perto sem estar centralizando. Gosto de propor o compartilhamento de boas práticas com outras empresas. Isso traz uma oxigenação incrível para a área. Após a conclusão, dê o *feedback* e compartilhe na reunião de equipe.

O importante é que você, líder de RH novo na empresa, reúna material suficiente para tirar as suas próprias conclusões sobre a equipe, sobre o desempenho da área de RH, da empresa, entenda os desafios futuros e como você irá contribuir para o sucesso da organização. E lembre-se: caso receba algum *feedback*, avalie o que deve ser ajustado.

Conclusão

Ser líder de uma equipe experiente é completamente diferente de ser líder de uma equipe júnior. Em ambos os casos, serão encontradas dificuldades e facilidades. No entanto, acredito que os Dez Mandamentos que sigo como gestora da área de RH têm me ajudado bastante ao longo do tempo.

Ao se deparar com um novo desafio, um líder deve iniciar sua análise de dentro para fora, isto é, a partir dos elementos obtidos dentro da própria área, como as conversas com a equipe, leitura de históricos e documentos e, em seguida, avançar com a coleta das percepções externas. Não adianta ser um líder querido na área sem que haja a entrega de resultados e contribuição efetiva para o negócio.

Da mesma forma, o líder precisa estimular a crítica e dar espaço para o novo, para o moderno. Precisa sair da zona de conforto e promover a inovação, estimulando a busca de novas soluções para problemas antigos.

Não há mais espaço no mercado para o líder autoritário, inflexível e controlador de tarefas. Um bom líder conduz uma equipe como um maestro que rege a orquestra: atento aos detalhes, desenvolvendo-a e encorajando-a.

Convido você a uma retrospectiva pessoal: quais foram os líderes que mais inspiraram e aqueles que mais decepcionaram você? Nas duas situações, as lições aprendidas serão fundamentais para a definição do seu próprio estilo de liderança.

A coragem de ser líder
de si mesma

Dirlene Silva

Adepta da filosofia africana UBUNTU - eu sou porque nós somos. É mãe da Joana, filha da Vera e irmã da Marcia e da Marta. Ama pessoas! Praticante do *lifelong learning* é economista, mestre em Gestão e Negócios pela Université Poitiers/Unisinos, MBA Finanças, MBA Gestão de Pessoas e pós-MBA Inteligência Emocional. Experiência de mais de 25 anos como líder. CEO na DS Estratégias de Educação e Inteligência Financeira, palestrante, professora na Escola Conquer, embaixadora no Clube Mulheres de Negócios em Língua Portuguesa, colunista da Inteligência Financeira. Em 2020, foi eleita LinkedIn Top Voices e creator, entre as pessoas 50+ criativas do Brasil, troféu Business Woman. Conselheira Artigo 19 e Conselho de Desenvolvimento Econômico Social Sustentável da Presidência da República, membro Instituto Brasileiro de Governança Corporativa (IBGC), integra Comissão Conselhos do Futuro e Associação Brasileira de Recursos Humanos (ABRH/RS), participa do Comitê do Futuro.

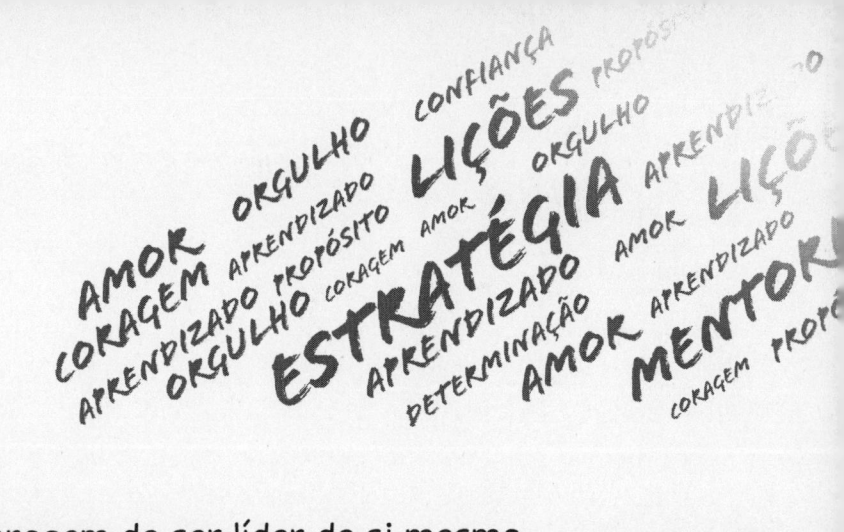

A coragem de ser líder de si mesma

Em um treinamento de *soft skills* para estagiários de uma grande empresa, iniciei perguntando: — Quem aqui é líder? O propósito era gerar um ponto de interrogação na cabeça de cada um, despertando curiosidade, atraindo a atenção e assim convidá-los a refletir com o que viria a seguir.

Rompi o silêncio dizendo: — *Eu sei que aqui ninguém exerce ainda um cargo de liderança, mas a liderança a que me refiro não é a liderança de cargos. A liderança à qual me refiro é a liderança que todos podemos e devemos exercer: a liderança de si mesmo.*

Augusto Cury afirma no livro "Seja líder de si mesmo" que liderar-se a si é o maior desafio do ser humano, porque é como andar na contramão no meio do trânsito. É algo que vai de encontro ao que aprendemos desde pequenos. Somos instigados a agir conforme a lei de talião - olho por olho, dente por dente, bateu levou, sem muito pensar. Além disto, se algo não sai conforme previmos, colocar a culpa no outro é a solução.

Ser líder de si mesmo é contrariar tudo isso, pois agir de forma reativa ou adotando a postura de ficar reclamando ou colocando a culpa no outro não muda a realidade. Ao passo que ao assumir a liderança de si, tornando-se responsável e protagonista, faz refletir: "O que de fato eu posso fazer para mudar esta situação?" Foi pensando e agindo desta forma que eu tive a coragem de ser líder de mim mesma.

> *"Podemos ser autores da nossa história e mudar o curso de nossas vidas."* Augusto Cury

Passei a infância sendo chamada de filha da empregada e, quando minha mãe conquistou um trabalho de gari, meu já conhecido rótulo foi trocado para filha da lixeira. Para uma adolescente, era complicadíssimo conviver com isto. Na escola em que eu fui contemplada com uma bolsa de estudos por ser uma das melhores alunas da escola pública, eu era uma das poucas pessoas negras entre os mais de 5 mil alunos. Eu amava estudar, mas chegar à sala de aula era um desafio, pois diariamente eu enfrentava um grupo de meninos imitando sons de macaco enquanto eu passava.

Felizmente minha paixão pelos estudos era tão grande quanto a falta de dinheiro e vergonha que eu sentia ao ser chamada de macaca ou filha de lixeira... e foi por esta paixão e pela ajuda dos professores que eu conheci e tive a minha disposição uma equipe de terapeutas: os livros!

Através dos livros de Psicologia, que hoje se chamam autoajuda, compreendi que eu poderia mudar o rumo de minha vida. A primeira lição foi que autoconhecimento é a mãe do conhecimento. Não posso mudar o outro, mas posso mudar a mim mesma, lidando de uma maneira diferente com o que o outro me faz. E foi agindo assim que aos 15 anos de idade me tornei líder de mim mesma, mudei o curso de minha vida, me tornando autora e protagonista de minha história.

Fui a primeira pessoa de minha família a completar o ensino fundamental, mas não queria parar por aí. Aos 16 anos meu sonho já era ser economista. Na época, eu me dizia tímida. Hoje, através de falas da Nina Silva, entendo que eu não era tímida e, sim, fui silenciada pelos preconceitos enfrentados.

Apesar da timidez, se destacavam em mim a curiosidade, pensamentos e gostos incomuns para uma adolescente. Depois que me tornei líder de mim mesma, era como se eu tivesse me tornado outra pessoa, pois jamais me deixei intimidar por títulos ou cargos. Foi graças a este senso crítico, minha maneira de falar com as pessoas de igual para igual e uma pitada de criatividade que conquistei meu primeiro trabalho como menor aprendiz em uma grande empresa multinacional.

A última fase do extenso processo seletivo foi a entrevista com o gestor, que era um homem elegante, vestindo terno e gravata e sisudo. Ele me perguntou qual era o maior desafio de minha vida. Percebi ali uma oportunidade de quebrar o gelo e conquistá-lo. Então, disse: — *Minha maior dificuldade é conseguir um trabalho.* Ele sorriu, perguntando o motivo. Eu continuei e disse: — *As empresas, exigem experiência e até para estágios é assim. Como eu vou ter experiência, se tenho apenas 16 anos e nunca trabalhei? Experiência não é algo que se compra na loja ou no supermercado. Para ter experiência eu preciso de uma OPORTUNIDADE.* Ele me olhou e disse: — *Eu quero ser a pessoa que vai te dar esta oportunidade.*

Missão cumprida: conquistei a vaga de menor aprendiz que me rendeu o dinheiro para pagar e concluir o curso técnico em Contabilidade. Ainda na busca de meu sonho de ser economista, me tornei motivo de piadas novamente. As pessoas riam e duvidavam que a filha de uma lixeira pudesse ser economista. Na universidade, ouvi do vice-reitor que aquele ambiente não era para mim. Uma amiga questionou o que eu seria quando me formasse. Outra "amiga" se antecipou, respondendo por mim: - *O máximo que a Dirlene vai conseguir é uma cela especial quando for presa!*

No ambiente corporativo, que é desafiador e competitivo por si só, o fato de ser mulher representa passar pelo dobro dos desafios. No meu caso, ao fato de ser mulher somam-se ser negra, de origem humilde e atuar na área financeira, majoritariamente masculina.

Em um processo seletivo, alguém em tom de ironia se referiu a mim como Xuxa. Em outro processo, após passar por todas as etapas recebi a aprovação da empresa, sendo que ficaram de me contatar informando a data do exame admissional. Passadas duas semanas sem contato, procurei a consultoria que havia me encaminhado a vaga e, constrangida, a recrutadora disse:

– Desculpe, o mau jeito, mas a empresa voltou atrás quando soube de tua cor. A política deles é não contratar negros. Não contratam nem para a fábrica. Imagine, então, para o escritório, como é teu caso.

Em outra empresa, onde fui selecionada e trabalhei por muitos anos, posteriormente minha gestora (uma líder inspiradora) confidenciou a mim que antes de minha contratação o recrutador havia chamado ela e a diretora administrativa para dizer que havia encontrado a candidata ideal para a vaga, mas que ela tinha um problema: era negra. Ambas disseram não se importar com o "problema" e assim eu ingressei na empresa.

De líder de mim mesma a líder de pessoas

Foi nessa empresa que eu recebi minha primeira promoção e aos 21 anos conquistei meu primeiro cargo de gestão por ser uma excelente técnica. Em 1995 pouco se falava de liderança, na verdade, eu nem conhecia o termo líder. Simplesmente eu era "chefe". Tratava minha equipe como colegas e eles me respeitavam por eu ter um cargo hierarquicamente superior. Entretanto, eu tinha dificuldades em falar com as pessoas, principalmente quando algo saia errado e por achar que ninguém faria tão bem uma tarefa quanto eu mesma, eu era extremamente centralizadora.

Eu não lembro exatamente quando conheci o conceito de liderança, mas lembro bem quando fui apresentada à prática. Em 2005, assumi a área financeira de uma empresa que possuía o modelo de consultoria interna de recursos humanos, hoje *business partner*. Lá, pela primeira vez me deparei com o conceito de que o líder é um gestor de pessoas. Na primeira avaliação de desempenho recebi dois *feedbacks* em um: *– Tu és uma ótima técnica, mas péssima em gerenciar pessoas.*

Questionei a gestora sobre os motivos dessa avaliação, solicitando evidências. Escutei com atenção as justificativas dela e refleti a respeito. Novamente, me vesti de resiliência e fui fazer uma das coisas que eu amo e faço de melhor: estudar.

Recebi este <u>feedback</u> na véspera de carnaval e na quinta-feira seguinte já estava matriculada no MBA Gestão de Pessoas. Na turma, eu era a única pessoa que não era de RH. Colegas e professores questionavam o que uma economista de exatas estava fazendo lá. Minha resposta era: *– Economia não é uma ciência exata e sim uma ciência social aplicada e como tal é feita por pessoas e para as pessoas. Além disto, eu trabalho com pessoas, sou uma gestora de pessoas, logo, preciso entender de gente e por isto estou aqui.*

Seguramente esse foi um dos cursos que mais agregou em minha carreira. Depois desse, fiz muitos outros cursos e formações sobre pessoas e liderança. Posteriormente, no mestrado minha linha de pesquisa foi governança corporativa e gestão de pessoas.

Foi trabalhando nessa empresa que nasceu a líder Dirlene. Lá entrei chefe e saí líder de pessoas, pois líder de mim mesma eu já era. No entanto, ser líder de mim mesma foi determinante para que eu me tornasse também líder de pessoas, pois em momento algum eu fiquei procurando culpados pelo *feedback* negativo. Ao contrário, internalizei, busquei entendimento sobre o fato e trouxe o problema para mim e a partir daí busquei mecanismos para resolver o problema. Enfim, foi a partir de um ***feedback* negativo que eu tive minha vida transformada novamente**.

De uma pessoa extremamente competitiva me tornei colaborativa. Ao invés de dizer "eu", passei a falar "nós". Deixei de fiscalizar e passei a orientar. Compreendi que para delegar é preciso confiar e passei a confiar mais nas pessoas e, sobretudo, entendi que as empresas são feitas pelas pessoas e por isto elas representam a chave do sucesso dos negócios, pois os **resultados são atingidos através das pessoas.**

Estudar continuamente pessoas e liderança me tornou, além de uma profissional diferenciada, um ser humano melhor e foi determinante para ser quem eu sou hoje. O tema de minha dissertação foi como promover o alinhamento estratégico entre as pessoas e as empresas.

Hoje acredito verdadeiramente nas sábias palavras de Michael Jordan: *"O talento vence jogos, mas só o trabalho em equipe ganha campeonatos!"*

"As competências que nos trouxeram até aqui podem não ser suficientes para nos levar adiante."

Contrariando os especialistas em carreira que dizem que profissionais de finanças gostam de rotina, eu detesto fazer as mesmas coisas por muito tempo. Gosto de processos organizados, mas dinâmicos.

Eu já estava há quase dez anos na mesma empresa. Foi o lugar em que permaneci por mais tempo, justamente por atuar de maneira generalista, respondendo pela área administrativa e tendo a oportunidade de realizar muitos projetos.

A cada ano, no mínimo um grande projeto diferente. Dentre eles, ser mãe, concluir um mestrado, criar e implementar um setor de controladoria, processos de auditoria interna, planejamento estratégico e, o mais desafiador para uma economista, um setor de Recursos Humanos que após três anos de existência estava no ranking das Melhores Empresas para se trabalhar no Rio Grande do Sul (GPTW/RS).

Apesar das realizações, passados quase dez anos, eu me sentia incomodada e inquieta profissionalmente. Possuo uma fala em relação a minha profissão que é: *amo o que eu faço, a diferença é o local aonde estou fazendo o que eu faço.* Assim, quando me sentia estagnada ou algo me incomodava em uma empresa, nunca busquei por culpados e sim por outra oportunidade. Quando encontrava, pedia demissão e seguia para outra empresa e era isto que eu estava pensando... Só que nem eu nem ninguém contávamos com o fator Covid 19. Foi assim que em 2020, pela primeira vez em 30 anos de carreira, eu fui demitida.

O sentimento foi de orgulho ferido, pois uma de minhas vaidades era nunca ter sido demitida. Por 24 horas vivi o luto da demissão e neste espaço de tempo revisitei minha trajetória. Doenças, fome, preconceito racial, social, a infância de filha da empregada, a adolescência de filha da lixeira, as piadas sobre meu sonho de ser economista, os dez anos na faculdade... Concluí que orgulho ferido não mata e se eu já havia enfrentado tantos outros desafios maiores, superado e sobrevivido, então era apenas uma questão de tempo para que eu superasse mais esta adversidade em minha vida.

Após essas reflexões, senti até vergonha do tal orgulho ferido! Retomei minha **liderança própria** e **foquei nas estratégias** para desenhar meu futuro profissional. Identifiquei que o fator crítico era comunicação, pois como ativar meus contatos profissionais no meio de uma pandemia? Lembrei-me da Mara Almeida, uma colega que havia se apresentado como especialista em LinkedIn no último curso presencial que fiz, em 2019.

Iniciei a mentoria de LinkedIn e meu objetivo na rede era fortalecer minha marca pessoal para ser reconhecida como uma autoridade na área de economia e finanças. Passados três meses, chegava a primeira oportunidade profissional. Inaugurei a coluna de finanças no blog Prateleira de Mulher. No mês seguinte surgiu o convite para atuar como mentora de finanças para empreendedores.

Como construí minha carreira em empresas e os dois trabalhos que surgiram foram com pessoas físicas, fui buscar mais entendimento sobre o universo das pessoas, através de pesquisas sobre os assuntos mais comentados de finanças pessoais.

Me surpreendi com a relação dolorosa que a maioria das pessoas tem com o dinheiro e percebi aí uma oportunidade de negócio, é que sou economista antes mesmo da graduação, pois aprendi a gerir um recurso que eu nem tinha: dinheiro! Então, traduzindo meu propósito de vida que é **"evoluir sempre, proporcionando evolução ao próximo também"**, fundei minha empresa que tem a missão de **"desmistificar economia e finanças para pessoas e empresas"**.

No mesmo mês (novembro) que divulguei minha empresa, tive a certeza de haver atingido o objetivo de ser reconhecida como autoridade em minha área: eu estava entre o seleto grupo das 25 pessoas *LinkedIn Top Voices*, sendo eu a única economista da lista. Desta forma, eu que no início do ano queria mudar de carreira, a partir deste prêmio me tornei multicarreira.

Os futuristas afirmam que as pessoas desta geração, que estão hoje no ensino fundamental, terão até cinco carreiras ao longo da vida. Em minhas palestras costumo dizer que eu já saí na frente, pois possuo mais de dez carreiras em paralelo. Empreendedora, consultora, mentora, *coach*, palestrante, *influencer*, curadora de conteúdos de economia e finanças, professora, embaixadora, conselheira, colunista e escritora.

Hoje sou questionada sobre como cheguei até aqui e qual é a receita do sucesso. Estar na mídia, ser considerada *influencer*, me ver em revistas, jornais, TV, receber prêmio internacional e ser reconhecida como umas das pessoas mais criativas do Brasil junto com meus ídolos Lázaro Ramos, Elisa Lucinda e Tatá Werneck são **sonhos que eu nunca sonhei. Sem dúvida alguma, sou muito maior que meus sonhos.**

Entretanto, não acredito em verdades absolutas, receitas ou fórmulas prontas. Entendo o sucesso como relativo e subjetivo. O que é sucesso para um, não é para outro. Por isto, me detenho a **compartilhar os caminhos que eu trilhei, o que deu certo e o que deu errado, bem como as lições aprendidas**.

O rumo da minha história foi alterado pela educação. Fui salva pelos livros. **"Os livros me salvaram de todas as maneiras que uma mulher pode ser salva."** A primeira lição foi que *autoconhecimento é a mãe do conhecimento*. E, em seguida, **a coragem de andar na contramão** da sociedade me fez **líder de mim mesma** e **minha vida foi transformada**.

"Tenha um propósito. Exerça sua profissão com excelência, buscando ser referência em sua área. E o principal, ame as pessoas, entender de gente é o grande diferencial dos profissionais de sucesso"!

Liderança de impacto: construindo legados que duram

Elaine Póvoas

LINKEDIN

Executiva de Marketing no segmento de Tecnologia da Informação, formação em Administração e MBA em Tecnologia, conselheira de Administração, mentora, palestrante e escritora nos livros "Mulheres do Marketing I & II®" e "Revolução 50+®", além dos prefácios nos livros "Dicas e Textos®" e "Mudança de Carreira®". Atuando também como coordenadora de livros, em 2023 foi lançado o "Mulheres na Tecnologia®" e, para este ano, uma nova edição do "Mulheres na Tecnologia®" e "Mulheres no Gerenciamento de Projetos®". Brasileira, alto astral, 50+, viajante e com muitos sonhos ainda para realizar.

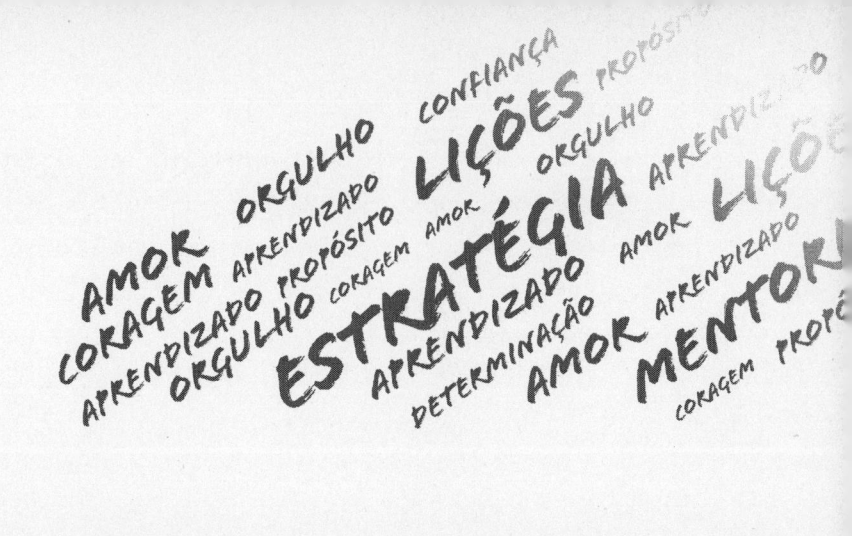

*"Liderança de sucesso é ouvir, eu quero trabalhar com você **novamente**."*

Muito especial este convite recebido da Andréia Roma para compor o rol de escritoras neste livro. Feliz demais por já estar em quatro obras como coautora e ter a oportunidade de dividir com vocês uma parte da minha vida. Espero sinceramente que algo deste capítulo lhe chame a atenção e que você possa compartilhar comigo.

Já somo 27 anos como líder formal de equipe e vou contar um pouquinho de como tudo isso aconteceu, mas eu acredito também na liderança informal e vamos discorrer sobre este tema. Um dos objetivos da minha vida sempre foi ser uma executiva de sucesso e este objetivo, em especial, defini aos 15 anos de idade.

Minha jornada como líder começou na EDS (atual DXC), empresa na qual eu tenho orgulho de ter percorrido uma jornada de 20 anos. E foi lá que recebi meu primeiro time e o primeiro a gente nunca esquece! Eu já estava com 30 anos quando aconteceu o convite para ser supervisora na Central de Atendimento ao Cliente da Visanet (atual Cielo). Uma empresa de meios de pagamentos eletrônicos controlada pelo Bradesco, Banco do Brasil e Santander. O frio na barriga foi imediato devido a ser uma operação financeira de atendimento aos mais de 750.000 estabelecimentos credenciados no Brasil.

Comecei essa jornada com aproximadamente 30 funcionários, esta era a média para cada um dos 15 supervisores e, depois de alguns meses, eu já estava variando entre 45 e 60 pessoas, pois por algum motivo a minha turma sempre foi uma das maiores. Vou confessar, eu adorava ter toda esta gente e, consequentemente, um dos melhores resultados da Operação. Quem trabalha no segmento financeiro sabe o valor de um segundo, pois conhece a velocidade do meio de pagamento.

Como sempre gostei muito de pessoas, de interagir, de escutar, resolver problemas, organizar o ambiente, alcançar resultados e respeito acima de tudo, foram inúmeros os prêmios e os reconhecimentos, tanto para minha equipe quanto para mim.

Trabalhar em Central de Atendimento se tornou uma paixão para mim. Amo os desafios, a pressão, o volume de pessoas e transformar os atendentes em excepcionais analistas de Atendimento. Já em 2000, fui promovida a gerente de Atendimento ao Cliente e, neste ano, algo muito especial aconteceu. Na festa de final de ano da empresa, com milhares de pessoas, fui uma das profissionais a receber o prêmio "100% Líder", reconhecimento por estar entre os líderes de destaque no Brasil. Ainda me lembro com muito orgulho daquele momento mágico de tantos aplausos. Aquela certeza de que estava no caminho certo foi inevitável.

A responsabilidade aumentou e fui convidada a liderar a Central do Banco GM (atual GMAC) e o projeto Celta, por meio do qual, pela primeira vez no Brasil as pessoas podiam comprar um carro pela internet. Imaginem os desafios de criar do zero algo tão disruptivo para o mercado brasileiro! Tenho o privilégio de poder contar esta história juntamente com um time de elite que foi formado naquele momento. Esta mudança de patamar me proporcionou gerenciar aproximadamente 200 pessoas. É claro que, quanto maior o número de pessoas, maior o desafio.

Existem algumas estratégias para se liderar grandes grupos. Eu particularmente tenho uma lista de atividades primordiais e vou compartilhar algumas delas:

1. Apresentação presencial da nova gestão – Apresentar-se para o time direto e este encontro deve ser presencial e conectar quem porventura está fora do estado ou país. Esta ação é fundamental e urgente, se possível fazer logo no primeiro dia.

2. Apresentação digital da nova gestão - Preparar um material digital para compartilhar online contendo foto, dados pessoais, histórico profissional e objetivos, afinal, todos precisam saber quem está à frente a partir daquela data.

3. Criar encontros mensais – Planejar eventos para compartilhar os resultados x objetivos faz com que as pessoas se sintam importantes e parte do processo de mudança. Todos precisam entender e saber onde estão e para onde vão. Este movimento cria o espírito de colaboração.

4. Rever papéis e responsabilidades - Utilizar a sua experiência para rever integralmente toda a estrutura organizacional, perfil x competências dos profissionais e processos.

5. Estabelecer canais de comunicação – Garantir que todos estejam com os contatos necessários para resolução de situações o mais rápido possível. No meu caso, sempre compartilho meu celular e informo que é 24 horas por sempre.

Uma habilidade especial de liderança deve ser desenvolvida quando se tem times remotos. No meu caso, a partir de 2004 precisei me treinar para focar em resultados, já que eu estava em São Paulo e parte do meu time estava na Bahia, Argentina e México.

Com o advento da Covid-19 em março de 2020, os líderes tiveram que, da noite para o dia, fazer gestão remota e com isso muitos desafios foram enfrentados, como falta de experiência e a ausência de processos de trabalho. Um estudo realizado naquele ano pela Fundação Instituto de Administração (FIA) demonstrou que 67% das empresas tiveram dificuldades em implantar o sistema de *home office*.

Estamos em 2024 e muitas empresas optaram por permanecer nesse sistema, outras em híbrido e algumas voltaram para o presencial. Sendo assim, estratégias para uma liderança remota eficaz são essenciais. Compartilho algumas que fazem parte da minha lista:

1. **Comunicação clara e frequente:** Utilizar várias plataformas de comunicação, como e-mail, *chat*, videoconferência e ferramentas de gerenciamento de projetos, é essencial. Estabelecer reuniões regulares para alinhamento e atualização ajuda a manter todos informados.

2. **Cultivar uma cultura de confiança e credibilidade:** Focar em resultados e não em processos. Confie que os membros da equipe estão fazendo seu trabalho e dê-lhes autonomia para tomar decisões. Prefira confiar e se decepcionar, não fique com o "pé atrás" com a equipe.

3. **Ferramentas e tecnologias adequadas:** Investir em tecnologias que facilitem a colaboração e a comunicação. Ferramentas como *Slack, Microsoft Teams, Zoom* e *Trello* são fundamentais para a coordenação remota.

4. **Engajamento e motivação:** Promover atividades com as equipes (on-line e presencial) e *check-ins* regulares sobre o bem-estar dos funcionários. Reconheça e celebre as conquistas da equipe, por menores que sejam.

5. **Treinamento e desenvolvimento:** Oferecer treinamento contínuo para desenvolver habilidades de trabalho remoto e liderança virtual.

6. **Políticas de segurança rigorosas:** Garantir que todo o time esteja seguindo as medidas definidas de segurança cibernética para proteger dados sensíveis da empresa.

7. **Flexibilidade e suporte:** Reconhecer que cada membro da equipe pode ter circunstâncias diferentes e ser flexível com horários e demandas. Oferecer suporte para ajudá-los a criar um ambiente de trabalho eficiente em casa. Por isso a necessidade de o líder conhecer verdadeiramente cada integrante da sua equipe.

8. ***Feedback* contínuo:** Estabelecer um sistema de *feedback* contínuo para discutir desempenho, expectativas e áreas de melhoria. Isso ajuda a manter os funcionários alinhados com os objetivos da empresa e a identificar rapidamente quaisquer problemas. Defina um cronograma para o ano, isso demonstra planejamento e anula surpresas.

Em 2011, um novo momento na minha carreira foi quando cheguei na posição de diretora, na qual permaneço até o momento. Desde então, foram muitas histórias vividas e tenho como decisão encarar as coisas com bastante naturalidade, quer seja na vida pessoal ou profissional. Aprendi o seguinte ditado: ou eu ganho ou eu aprendo. Quando você tem este modo de lidar com os desafios, o fardo fica mais leve. Então, procure saber mais, estudar sempre, ouvir, pedir sugestões e opiniões de quem você confia e o seu índice de acerto e vitórias certamente será maior.

Uma vez ouvi que quando algo de excepcional precisa acontecer no mundo nasce alguém. A princípio, alguns de seus amigos e familiares poderão chamá-lo de louco, outros lhe darão total apoio, mas você precisa sentir que é o caminho, acreditar e seguir em frente. Você é o único responsável pelos ônus e bônus dos resultados que serão alcançados. Portanto, aceite os desafios da liderança, mesmo que não conheça o segmento, o produto ou o serviço.

A liderança é um tema que deve ser estudado e desenvolvido ao longo da vida, tanto no aspecto pessoal como no profissional. Fazer a gestão de pessoas é para quem gosta de gente e que tem o interesse genuíno de promover o desenvolvimento.

Entusiasmo, diversão, engajamento e talento compõem a liderança e tudo isso junto faz com que você tenha uma equipe que tem prazer e voluntariedade em trilhar uma jornada contigo.

Certa vez escrevi em uma coluna que tenho um lema que levo para minha carreira profissional. Trata-se da minha medida de sucesso sobre liderança. Quando alguém me diz "Eu quero trabalhar com você", confesso que me enche de orgulho, pois o que aquela pessoa está vendo, ouvindo e percebendo sobre mim faz sentido para ela. Agora, quando eu ouço "Eu quero trabalhar com você <u>novamente</u>", ah, esta frase faz meu coração transbordar de felicidade. Uma sutil diferença que muda tudo! Demonstra-me que meu papel de líder contribuiu de forma relevante com o desenvolvimento daquele indivíduo. Além disso, existe a condição de expectativa x realidade.

Tenho o privilégio de ainda manter em meu círculo de conexões pessoas que trabalharam comigo há mais de 20 anos. Manter conexões profissionais de longo prazo é uma condição que considero uma grande vantagem e um privilégio no mundo dos negócios. Alguns aspectos preponderantes sobre a manutenção dessas conexões e como elas podem resultar em benefícios para sua carreira e vida pessoal:

1. Liderança e caráter - Conservar relacionamentos profissionais por anos é um testemunho da sua capacidade de liderança e do seu caráter. Isso mostra que você constrói relações de confiança, fomenta um ambiente positivo e possui habilidades interpessoais.

2. Conexões duradouras - Manter um círculo de conexões de longo prazo proporciona uma rede de suporte emocional e profissional, oportunidades de negócios como abertura de porta para novas oportunidades de negócios ou parcerias e reputação e referências que é algo tão valioso nos dias atuais.

3. Estratégias para manter conexões de longo prazo – Pre-

servar essas relações exige esforço e dedicação com uma comunicação regular e você tem uma grande aliada chamada rede social; também organizar reuniões e encontros sempre que possível (presenciais ou virtuais), lembrar de datas importantes igualmente o diferencia.

4. Impacto na carreira - Contatar pessoas que cresceram ao longo do tempo como você e com isso a troca de experiências, mentorias e orientação, emprego, parcerias ou negócios.

5. Exemplos de Sucesso – Nutrir relacionamentos demanda tempo, inteligência e leveza. Vários líderes empresariais e empreendedores atribuem seu sucesso à manutenção de relações profissionais de longo prazo. Alguns exemplos a seguir:

– Warren Buffett e Charlie Munger: A parceria de décadas entre os dois investidores icônicos é um exemplo claro de como relações profissionais duradouras podem levar a um sucesso fenomenal.

– Já Bill Gates e Paul Allen, cofundadores da Microsoft, mantiveram uma relação de longa data que foi fundamental para a criação e o crescimento da empresa.

Manter relações profissionais que perduram por décadas é uma prova da sua habilidade de construir e sustentar conexões significativas. Essas relações não só fortalecem sua rede de suporte, mas também abrem portas para oportunidades de crescimento e desenvolvimento pessoal e profissional. Ao investir tempo e esforço em manter essas conexões, você garante um legado de liderança baseado na confiança, respeito e colaboração.

Mas não considero que um líder seja somente aquele que tem um time direto e formal, algumas pessoas se mostram líderes desde criança e outros se desenvolvem ao longo da vida, afinal, liderança pode ser desenvolvida. A liderança informal é o processo pelo qual um indivíduo, sem um título ou posição formal de autoridade, influencia e orienta outros em direção a um objetivo comum. Líderes informais são frequentemente reconhecidos pelo seu impacto e influência natural dentro de um grupo ou organização. Atividade como gerente de Projeto (GP) é um excelente exemplo de liderança informal, pois este profissional frequentemente lidera equipes sem possuir autoridade hierárquica direta sobre os membros. Em vez disso, o GP deve influenciar, motivar e coordenar o trabalho da equipe através de habilidades de liderança e comunicação.

Certamente o desafio se torna ainda maior e algumas questões precisam ter sua atenção, caso esteja nesta posição. Invista no desenvolvimento da habilidade de negociação, construir consenso, influência e persuasão, além de uma comunicação clara e eficaz. Ao dominar essas características, esses profissionais conduzem seus projetos ao sucesso, assim como se tornam pessoas respeitadas e influentes dentro de suas organizações.

Todas as experiências contam e muito. Saiba o que você quer da sua carreira e não economize energia para chegar ao seu objetivo. Foram muitas as áreas que já liderei, cada uma me ensinou algo especial e me considero uma eterna aprendiz.

Atualmente com mais de 30 anos de trabalho, tenho noção do impacto que já causei em muitos colaboradores e isso só aumenta a minha responsabilidade de me tornar cada dia uma líder melhor. Desta forma, adotei como estratégia sempre estar estudando algo. Graduei-me em Administração de Empresas, o que permitiu que minha carreira sempre fosse mais generalista. Depois, por estar trabalhando na segunda maior empresa do mundo em Tecnologia, fui fazer um MBA em Tecnologia da Informação pela FGV. Como o número de pessoas foi crescendo ao longo do tempo, era fundamental conhecer mais de gente e foi aí que parti para uma formação de Personal & Professional Coaching pelo SBC. No cargo de executiva, em que nas três últimas empresas eu me reportava ao presidente ou aos sócios, considerei primordial ampliar meu repertório, conhecimento e conexões e parti para o curso Conselheira de Administração pelo Instituto Brasileiro de Governança Corporativa (IBGC). Atualmente estou estudando sobre as inteligências emocional e artificial.

Para finalizar, considero que liderar exige uma combinação de habilidades de comunicação, delegação, engajamento e utilização de tecnologia. Crie um ambiente de trabalho onde todos se sintam valorizados, apoiados e motivados a contribuir para os objetivos comuns. Desenvolva estratégias para transformar desafios em oportunidades, conduzindo suas equipes ao sucesso e alcançando resultados excepcionais e lembre-se: faça tudo isso com o seu coração aberto, com leveza e, se possível, com muito amor.

Liderança (des)construída

Fabiola Silva

LINKEDIN

Executiva da área de Recursos Humanos, com 20 anos de experiência em empresas multinacionais de grande porte e atuação em nível nacional e internacional. Graduada em Psicologia, com MBA em Gestão de Recursos Humanos e paixão por atuar com temas de liderança, gestão de mudança, inovação, diversidade e inclusão.

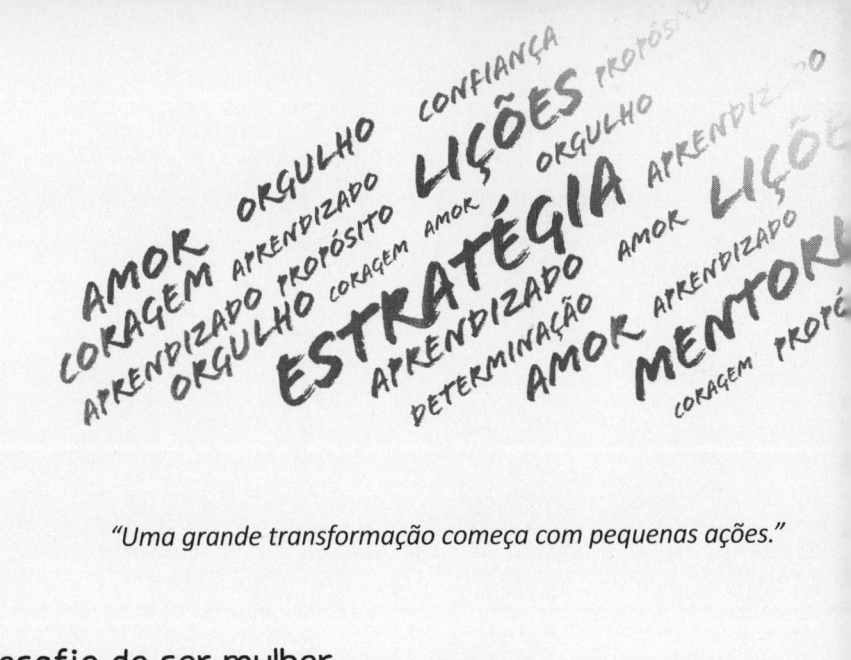

"Uma grande transformação começa com pequenas ações."

O desafio de ser mulher

Sou Fabíola, mulher, mãe da Gabriela e executiva. E não é por acaso que eu me apresento nessa ordem. Meu nome é o que me individualiza e me representa. Meu gênero é a minha identidade e sem ele eu não poderia exercer o papel mais importante da minha vida, que é a maternidade. E, por último, eu sou uma profissional que neste momento exerce uma posição executiva. Os três primeiros fatores são imutáveis. O último é uma circunstância que pode mudar a qualquer momento, mas que está intrinsecamente conectada aos três primeiros. Ser uma executiva não determina a minha personalidade, mas ser mulher e mãe definem quem eu sou como executiva.

Mas o que significa ser uma líder mulher? Que desafios nós temos e o que diferencia a liderança feminina? Mas, acima de tudo, por que precisamos falar sobre isso?

Segundo o IBGE, em pesquisa realizada em 2022, as mulheres já são maioria com ensino superior no Brasil. 19,4% da população feminina acima de 25 anos tem ensino superior versus 15,1% dos homens. Mas infelizmente seguimos sendo minoria em cargos de liderança, ocupando apenas 34,7% dos cargos gerenciais. Apesar de todos os esforços realizados até o momento, a participação de mulheres no mercado de trabalho ainda é 20% inferior à dos homens, e a taxa de desemprego feminina é superior à masculina[1], fator que foi agravado pela pandemia. E mesmo com o aumento da participação das mulheres no mercado de trabalho ao longo dos últimos anos, as funções exercidas, os cargos e as remunerações dessas mesmas mulheres ainda se encontram em defasagem considerável quando comparados com os dos homens e precisamos continuar falando sobre isso até que essa realidade mude.

Adapte-se

O ambiente corporativo ainda é um ambiente predominantemente masculino e nós precisamos aprender a navegar nesse ambiente com confiança. Lembro que quando comecei a minha carreira eu senti que estava entrando em um jogo que já havia começado e que todos ali conheciam as regras, menos eu (sentimento esse que se repetiu todas as vezes que troquei de emprego). Aprendi na prática que a minha habilidade de aprender as regras desse jogo e me adaptar rapidamente a essa dinâmica eram fatores determinantes do meu sucesso ou fracasso. Ao longo da minha carreira já vi muitos profissionais extremamente competentes e que não conseguiram ter sucesso por interpretar erradamente as regras desse jogo.

Para as mulheres, de forma geral, aprender e se adaptar a essa dinâmica costuma ser um pouco mais complicado. Embora todos possam parecer amigáveis, o ambiente corporativo é extremamente competitivo. E é aqui que está grande parte do nosso "problema": os meninos são ensinados a competir e aprendem desde cedo que para um ganhar o outro precisa perder. E ao perder, é preciso levantar a cabeça e tentar uma vez mais. Mas, enquanto eles são estimulados com jogos de competição desde a mais tenra infância, nós, mulheres, somos estimuladas

---

[1] Dados do Instituto Brasileiro de Economia da Fundação Getulio Vargas (FGV-Ibre)

a brincar de bonecas e de casinha. Somos ensinadas que precisamos ser colaborativas, que é importante saber ouvir e saber ceder. Que o melhor resultado é quando todos ganham juntos. Aprendemos isso de maneira inconsciente e o nosso comportamento no mundo corporativo é um reflexo disso, por isso muitas vezes entramos em desvantagem nesse jogo. Nós entramos querendo colaborar, enquanto os homens entram para competir.

Não estou dizendo que precisamos adotar comportamentos masculinos para poder ascender no ambiente corporativo, mas é preciso saber reconhecer a dinâmica das relações no ambiente de trabalho e usá-las a seu favor.

Lembro que uma vez uma gerente por quem eu tenho um carinho imenso me disse: "A gente precisa chegar nas salas de reunião e sentar na cabeceira da mesa. Precisamos marcar nosso território, ocupar espaço. Espalhe seu caderno, caneta, computador para delimitar seu território e não permita que invadam seu espaço pessoal". Achei aquilo engraçado, mas a partir desse momento eu comecei a observar com maior atenção o comportamento de homens e mulheres nas salas de reunião e confesso que fiquei um pouco assustada, não só pelo que vi, mas pelo fato de eu nunca ter parado para observar e notar esses detalhes até que alguém me chamasse a atenção para isso.

Eu comecei a perceber que a maioria das mulheres ao entrar em uma sala escolhiam lugares mais ao fundo, nos cantos ou nas posições de menor destaque à mesa, mesmo quando eram as primeiras a chegar. Ao mesmo tempo eram as primeiras a se oferecer para "apertar" um pouco para o lado para ceder lugar para alguém que chegava atrasado ou depois que os lugares estavam todos ocupados, diminuindo ainda mais a sua visibilidade. Nos colocamos, mesmo que inconscientemente, em um lugar de submissão, enquanto os homens partem de um lugar de dominância.

Acredito que a maioria já ouviu falar do estudo que comprovou que as mulheres são interrompidas 2,1 vezes mais que os homens[2], ou se não conhece o estudo, já viveu isso na prática. Seria muito cômodo dizer que o problema está integralmente no comportamento dos homens e nos isentar de qualquer ação ou culpa. Mas na minha prática noto que nós, mulheres, nos deixamos ser mais interrompidas do que os homens. Comecei a observar os comportamentos de homens e mulheres e identifiquei que quando um homem é interrompido em uma reunião ou conversa é comum observar os seguintes comportamentos:

1) Ele simplesmente ignora a interrupção e segue falando, aumentando seu tom de voz para ser ouvido;

2) Ele não faz contato visual e não dá espaço para que a pessoa que o interrompeu siga sua fala, muitas vezes virando o corpo na direção contrária de quem o interrompeu (quando o espaço assim o permite);

3) Ele levanta a mão com a palma aberta como um sinal para que a pessoa que tentou interromper espere;

4) Ele verbaliza um pedido para que o deixem terminar sua fala.

Quando uma mulher é interrompida é comum observar que imediatamente ela para de falar e faz contato visual com a pessoa que a interrompeu, abrindo o espaço de fala para que essa pessoa se manifeste.

Podem parecer coisas simples e detalhes que muitas vezes passam despercebidos, mas que em uma dinâmica de poder nos colocam em lugar de desvantagem. E o que podemos fazer para mudar isso? Em primeiro lugar, ocupe conscientemente seu espaço de poder e visibilidade. Sua linguagem corporal fala muito mais do que você imagina, então esteja atenta a sua postura e observe a dos demais (saber ler o ambiente faz toda a diferença!).

---

[2] Dados de estudo realizado em 2014 na Universidade de George Washington (EUA)

Se você se incomoda em ser interrompida pode adotar algumas estratégias (além dos exemplos dados acima, inspirados no comportamento masculino). Uma primeira sugestão é que você informe no começo da sua fala que haverá um espaço para perguntas ao final da apresentação e que todos, por favor, deixem as perguntas para o final. Assim, caso haja alguma interrupção basta informar que irá concluir seu raciocínio e que em breve abrirá para perguntas (ou apenas fazer um gesto sinalizando que a pessoa aguarde). Quando eu sei que um tema é potencialmente controverso ou sei que terei alguma resistência no grupo, gosto de declarar abertamente essa informação. Por exemplo: "Eu sei que nem todos aqui estão 100% confortáveis com essa ideia" / "eu sei que nem todos concordam com o que eu irei falar", pois assim evito que alguém me interrompa para dizer que não concorda. Mas, acima de tudo, observe e aprenda com o comportamento dos seus pares e líderes e encontre um estilo que seja seu.

Esteja atenta

A observação é uma ferramenta poderosíssima. Se você ainda acredita que a construção da sua liderança começa no dia em que você assume a sua primeira posição gerencial, ou que para ser uma boa líder você precisa ter experiência trabalhando com gestores maravilhosos e inspiradores, já adianto que você está completamente enganada! A construção da sua habilidade de liderança precisa começar no primeiro dia de trabalho. Todo líder, independentemente de sua habilidade de liderança, tem lições valiosas a lhe ensinar. Quanto mais rápido você descobre isso, maior a possibilidade de acelerar a sua carreira.

Todos os gestores que eu tive ao longo da minha carreira me ajudaram na construção da líder que eu sou hoje. E digo isso não porque tive apenas líderes que eu admirava e que me inspiravam, e sim porque até mesmo um líder ruim tem o potencial de lhe apoiar na formação da sua liderança, mesmo que seja ao lhe ensinar aquilo que você não quer ser como líder. Vou dar a você alguns exemplos.

Minha primeira gestora era extremamente controladora e fazia microgerenciamento de absolutamente todas as minhas atividades. Mesmo com experiência e performance reconhecida ela fazia questão de acompanhar e verificar até as atividades mais operacionais. Era exaustivo trabalhar assim e eu me sentia desvalorizada e subaproveitada. Não havia autonomia e tudo precisava passar por ela, o que claramente diminuía nossa velocidade e capacidade de entrega. Senti na pele como o controle excessivo gerava um desperdício enorme de energia e de tempo. E com essa gestora eu aprendi a importância de dar autonomia e poder de tomada de decisão de acordo com o escopo de trabalho e nível de responsabilidade de cada membro da minha equipe.

Tive um gestor que era completamente inacessível, nunca estava disponível para apoiar a equipe ou esclarecer qualquer dúvida, mas era voraz em apontar dedos e encontrar culpados para qualquer coisa que acontecesse de errado. Como resultado disso a equipe tinha medo de inovar e buscava sempre aplicar soluções já comprovadas e com margem menor de erro. Com esse gestor eu aprendi que estar aberta a ouvir e apoiar a minha equipe me daria mais capacidade de me antecipar aos problemas e evitar muita dor de cabeça, além de estimular o pensamento crítico e aumentar a capacidade de inovação. Levo comigo essa lição até hoje.

Ser mulher no ambiente corporativo ainda traz alguns desafios adicionais. Sofri assédio no meu primeiro emprego. E aqui vale mencionar que há 20 anos, quando eu comecei a minha carreira, não se falava sobre equidade de gênero como se fala hoje, pouco se ouvia falar de assédio sexual e moral nas empresas e quando isso aparecia o final raramente era positivo para a pessoa que fazia a denúncia. Nessa situação, o diretor financeiro me chamou em sua sala e deixou muito claro que ele poderia acelerar ou acabar com a minha carreira no momento que ele quisesse e o que ele faria a partir daquele momento iria depender de mim e do quanto eu estaria disposta a "agradá-lo". Como a minha disposição para isso era zero, a partir desse dia a minha vida virou um pesadelo e em menos de um mês eu estava apresentando a minha carta de demissão e informando que não iria cumprir o aviso prévio, pois já começaria em um outro emprego na semana seguinte. Tive a sorte de encontrar um novo emprego rapidamente, mas sei que nem todas têm a mesma sorte.

E o que eu aprendi com isso? Descobri que sou muito mais resiliente do que eu imaginava, aprendi a me posicionar melhor e assumi um compromisso pessoal de não permitir que outras mulheres passem por situações como essa. Mulheres: usem o canal de denúncias!

Eu poderia tranquilamente me sentar e reclamar desses gestores, dizer que não foram inspiradores e que não ajudaram em nada a minha carreira. Mas preferi analisar e entender os impactos desses comportamentos de um líder em sua equipe e transformar essas experiências em aprendizados. E você? Como está interpretando os obstáculos que aparecem na sua carreira?

Existem importantes aprendizados na relação com todas as pessoas no seu ambiente de trabalho, mas é preciso estar atenta. Eu faço questão de aprender todos os dias com as pessoas que trabalham comigo, com a minha equipe, com os meus pares e com os meus líderes. Aprendo com os meus erros e com os erros alheios. Aprendo com meus casos de sucesso tanto quanto observando o sucesso dos outros. Me inspiro em líderes que admiro, mas também aprendo com aqueles que não considero tão admiráveis (e acredite, eles são a maioria!).

Seja explícita

Um outro ponto que também me chama muito a atenção é como nós, mulheres, temos a tendência a ser menos vocais em relação às nossas necessidades e ambições. Esperamos por uma validação externa, como se precisássemos que alguém nos dissesse que estamos prontas para que isso nos dê coragem para seguir em frente. O medo da rejeição ou o medo de errar muitas vezes nos impede de agir.

Você sabe o que quer da sua carreira? No começo da minha vida profissional eu não tinha muita clareza sobre aonde eu queria chegar ou o que eu queria profissionalmente. Na verdade, eu nunca havia pensado muito sobre isso e por muitos anos fui deixando as empresas definirem a minha carreira. Me faltava visão estratégica. Eu olhava para pessoas que tinham posições acima da minha e me questionava o que essas pessoas tinham e eu não, por que elas haviam chegado lá e eu não. Eu acreditava que apenas tendo uma boa performance eu seria reconhecida e convidada para novas oportunidades internas e promoções. Afinal, a empresa precisava reconhecer o meu potencial! Demorei muitos anos para começar a ter conversas estratégicas sobre a minha carreira e me posicionar. Hoje eu vejo quantas oportunidades eu perdi por isso.

Lembro que ao retornar da minha licença-maternidade eu recebi um convite para uma promoção liderando uma área nova. Por medo de não dar conta e com receio de que a carga de trabalho pudesse ser demais para mim naquele momento, eu disse não. Nem passou pela minha cabeça conversar e colocar na mesa todas as minhas preocupações. Em momento nenhum eu verbalizei meus receios ou busquei conversar sobre potenciais desafios e alternativas. Eu simplesmente respondi que naquele momento eu não poderia assumir essa posição e fui para casa me sentindo frustrada. Anos depois, já em outra empresa, passei por uma situação bastante parecida, mas dessa vez eu tive a sorte de ter um gestor que me fez a seguinte pergunta: "O que a gente pode fazer para que você nos diga sim?". Essa simples pergunta me ensinou uma das mais importantes lições da minha carreira e me fez entender o quanto é importante externalizar e verbalizar claramente as nossas necessidades. Nem tudo é binário (sim ou não / tudo ou nada) e não há nada de errado em "testar a temperatura da água" e discutir para entender qual é a margem que existe de negociação (lição essa que os homens já aprenderam há muitos anos!).

Seja explícita em relação à sua ambição de carreira. Essa informação é extremamente importante no momento de uma tomada de decisão do seu gestor(a) em relação a uma promoção ou movimentação. E não tenha medo de verbalizar as condições que você precisa para exercer o seu papel de forma mais eficiente, em 80-90% dos casos existe alguma margem para negociação. Aproveite essas oportunidades.

Encontre a sua essência

Cada mulher é única e só você poderá definir qual será o seu estilo de liderança. Não acredito em fórmula mágica para o sucesso. Mas, se eu puder deixar algumas dicas para ajudar nessa jornada, seriam estas:

- **Invista no seu autoconhecimento.** Entenda seus pontos fortes, reconheça (e trabalhe) seus pontos a desenvolver. Aprenda sobre seu estilo de liderança e como adaptá-lo em diferentes situações. Não existe liderança sem autoconhecimento.

- **Estabeleça parcerias estratégicas.** Seus relacionamentos no ambiente corporativo podem destravar portas ou afundar sua carreira, então escolha com sabedoria.

- **Assuma as rédeas da sua carreira.** Ninguém nunca terá mais interesse na sua carreira que você, então verbalize de forma clara qual é a sua ambição de carreira e trace planos específicos de como irá chegar lá.

- **Posicione-se, sempre!** Não tenha medo de expor as suas opiniões, mas aprenda a fazer isso de forma estratégica.

- **Aprenda sempre e com todas as situações.** Estude e mantenha-se atualizada, mas também permita-se aprender com tudo e todos ao seu redor.

- **Adapte-se de acordo com cada situação,** mas sem nunca perder a sua essência.

De pai para filho, comigo
no meio do caminho

Ingrid Perdigão

Tem 54 anos. Executiva de Recursos Humanos com 30 anos de experiência em empresas de diferentes segmentos, como Cia Cervejaria Brahma, Losango, Grupo Profarma e Grupo Ortobom. Mestre em Serviço Social pela PUC RJ, pós-graduada em Gestão de Varejo pela Coppead, e formação em Business Coaching pelo ICI. Professora convidada em MBA de Gestão de RH: Ibmec Rio, Universidade Estácio de Sá, Universidade Cândido Mendes e Universidade UniCarioca. Mentora voluntária do Programa Mentoria Colaborativa Nós Por Elas pelo Instituto Vasselo Goldoni. Membro do Instituto Mulheres do Varejo. Fundadora do Grupo UMA: União de Mulheres Amigas, coletivo voluntário da luta contra a pobreza menstrual. Coautora da Série Mulheres da Editora Leader, com artigos publicados nos livros "Mulheres do RH Vol. I" e "Mulheres do Varejo".

De pai para filho

Consciente de que a expressão "de pai para filho" possa parecer uma contradição por aqui, já que estamos em uma coletânea literária que narra trajetórias profissionais femininas, vou me permitir esse pequeno pecado (médio ou grande, talvez!!) recorrendo a essa expressão popular para contextualizar minha história de liderança feminina em empresas familiares.

Confesso que quando escrevi achei "de pai para filho" uma citação machista. Fui e voltei com o texto algumas dezenas de vezes com medo das críticas, preocupada com a censura, tentando achar uma forma mais contemporânea de me posicionar, mas não encontrei. E também não estaria sendo honesta com o recorte histórico que vivi. Porque de fato, minha geração, com algumas poucas exceções, foi forjada em empresas essencialmente lideradas por homens. Liderança feminina era exceção e, no cenário das empresas familiares, mais ainda. A grande maioria das empresas familiares nasce de um pai e é passada para um filho, e só na ausência deste é passada para uma filha. Mas não seguirei nesse debate, não nesse momento, nem por aqui.

Neste capítulo, decidi compartilhar algumas percepções acumuladas ao longo dos anos sobre liderança em empresas familiares. E, para tanto, trago alguns recortes que vivi, muito do que observei em diversas empresas que me geraram interesse por sua história e grandiosidade, e também algumas considerações conceituais e acadêmicas que me ajudaram a compreender e questionar esse universo apaixonante das empresas "de pai para filho".

O sonho do fundador

Ao que me parece a história se repete em quase todas, empresas familiares nascem de um desejo individual, um sonho sonhado por um fundador, motivado e impulsionado por uma coragem própria e desmedida. Desse sonho a família é convidada a participar, seja de forma direta ou indireta, querendo ou não.

Fundadores de empresas familiares são **líderes** empreendedores pulsantes, donos de uma forte personalidade, destacam-se pela coragem e ousadia, tomam decisões difíceis, assumem risco, comandam planos de execução fortemente baseados na intuição que em muitos momentos substituem (com segurança) conhecimento acadêmico. Essa força pessoal, convincente e sedutora é transformada em um modelo seguido e copiado por todos ao seu redor. Como se fosse um magnetismo unindo todas as pontas. E por isso, via de regra, o fundador tem profunda influência sobre a empresa. Seus valores, suas crenças, seu estilo de gestão, sua forma de agir e decidir aos poucos vão se fortalecendo e influenciando todos aqueles que estão nessa jornada. E assim, por reforço positivo, aceito e comungado, a cultura vai se consolidando ao longo do tempo. Ao moldarem a organização com sua própria personalidade, fundadores imprimem em suas empresas a reprodução do seu estilo pessoal. A depender dessa constituição está a configuração do negócio e, por conseguinte, o modelo de gestão e liderança. Diferentemente das empresas não familiares, que por força de sua estrutura congrega personalidades com experiências diversas combinadas entre si, os negócios de família estão absolutamente vulneráveis e dependentes da estrutura pessoal e emocional de seus fundadores.

Nesse ambiente podem emergir situações conflituosas, onde o emocional e o racional estarão na pauta do dia, interferindo na estratégia e nas decisões racionais. Não raro, é possível observar um certo grau de sofrimento por esse amálgama, que, no entanto, é rapidamente camuflado diante dos desafios do negócio e o propósito de perpetuidade.

Fundadores trazem consigo um compromisso emocional (e financeiro) de sustentação da família, e assim qualquer esforço será positivo ao final do dia, mesmo que isso possa ter representado algum conflito. Congregar em torno desse objetivo comum talvez seja a principal responsabilidade em pauta. Via de regra, empreendedores conseguem enormes resultados por serem habilidosos nessa harmonização, não só com os membros da família, mas com os demais colaboradores. A história de vida e carreira, sempre repleta de símbolos e luta, conquista e arrasta seguidores que, apaixonados por esse modelo, se deixam contaminar pelo forte senso de propósito atrelado ao carisma e à sedução.

A esse fascínio, algumas vezes transmitidos por um discurso acolhedor e amoroso, junta-se uma atitude empreendedora, audaciosa, guerreira e corajosa. Atributos suficientes para atrair, apaixonar e reter qualquer um de nós. Todos querem fazer parte dessa história. Todos querem um pouco dessa "pseudo sensação segura de pertencimento à família". Diante dessa posição tão encantadora e paternal que gera engajamento ao negócio, gera ao mesmo tempo dependência, criando um ambiente por vezes confuso, onde se misturam os vínculos emocionais e as relações de trabalho. Essa conjugação pode ser perigosa a longo prazo, pois cria e fortalece um modelo de liderança baseado na adoração e dependência. É possível perceber em algumas empresas familiares uma enorme dificuldade da segunda ou terceira geração que ao assumirem os negócios precisam reformatar alguns pressupostos históricos deixados ao longo dos anos.

Liderança no universo das empresas familiares

Esse estilo de liderança, construído de forma nem sempre intencional, pelos líderes fundadores pode ser compreendido, por vezes, como um mecanismo de defesa na proteção de legado. Ele pode representar, por exemplo, uma necessidade expressa de controle e direcionamento, e quanto mais o negócio cresce e foge aos olhos, mais complexo fica. Esse controle é diretamente proporcional à necessidade de ter suas diretrizes seguidas sem contradição. A ameaça de serem questionados, ou terem suas determinações não cumpridas, pode gerar um desespero tortuoso. Dessa forma, as gerações seguintes ou colaboradores que possuem pensamentos diferentes, e por isso desafiam, são tidos como indisciplinados e por vezes rejeitados. Essa obsessão pelo controle, se não mitigada, pode gerar um ambiente ditatorial que não permite a expressão da criatividade e diversidade, tornando-se em última instância um cenário desfavorável à continuidade do negócio.

Aliada à necessidade de controle, a centralização aparece como a segunda maior armadilha presente nas empresas familiares. Os poderes estão concentrados nas mãos de poucos, nem sempre escolhidos por competência. Confiança aparece com um dos atributos de grande valorização nas empresas familiares. Esse excesso de centralização pode gerar como resultado engessamento, que gera paralisia, que gera estagnação, que gera retração. Reflexo contínuo e sinais clássicos para uma futura possível crise que se anuncia. Uma outra questão, tão preocupante quanto o excesso de controle e centralização, é a visível desconfiança e medo de traição. Sob a ótica emocional, ao meu ver, esses são os mais temerosos, pois ambos geram conflitos nas esferas morais e éticas extremamente preocupantes. Não intencional, porém, como medida de proteção do negócio, instaura-se a gestão por conflitos e desconfiança. Onde todos são postos a guerrilhar com todos, todos vigiam todos, todos competem entre si. A cooperação entre áreas e pessoas pode ser vista como "conluio" negativo à organização. Incentivar a gestão por conflito gera, na contramão da coletividade, obediências individuais, desejos e agendas pessoais, disputas de poder, traição e desunião.

Esse modelo de gestão se reflete no comportamento das lideranças que aprendem a agir dessa forma, reproduzindo em todos os níveis esse aprendizado. Os efeitos nocivos só aparecem quando por algum motivo, uma possível discordância ocorre. Enquanto há consenso esse modelo não gera impacto negativo. O problema se inicia quando opiniões divergentes se esbarram e as lideranças não estão preparadas para a flexibilizar e entender as diferenças; nesse momento o conflito se instaura. O amor vira revolta e a idolatria, na mesma intensidade, vira decepção. A energia despenca e com isso toda a organização sofre. As divergências levam a dificuldade de comunicação, os interesses ficam contrários, as forças não convergem, as rotinas travam, os projetos não andam, o negócio congela, os clientes sofrem e os colaboradores ficam absolutamente perdidos.

Impasse e perpetuidade

Diante desse impasse, precisamos vislumbrar novas e possíveis formas de liderança que sejam capazes de absorver e reproduzir o propósito e a paixão, fortes atributos do líder fundador, ao mesmo tempo que neutralize as armadilhas de controle e centralização. Inovar e preservar na medida certa, sem exageros ou modismos.

Chegamos à inquietude máxima que me apaixona no universo das empresas familiares. Sem nenhum medo de errar, estou bastante convicta de que fundadores imprimem suas marcas pessoais nas empresas que comandam, com isso, modelam os estilos de liderança que são repassados para as próximas gerações. Isso é mágico e inquestionável. Mas sempre existirá espaço e momento para renovação. Cabe aos novos entrantes, sejam as próximas gerações da família ou colaboradores, essa sensibilidade para propor mudança sem ferir.

Recomenda-se primeiramente compreensão, entendendo a dinâmica e a influência do legado, ouvindo atentamente as gerações mais velhas para que seja respeitado o que fora construído no passado e o que merece ser transformado para o futuro. Essa complexa articulação pode representar em alguns momentos conflito geracional e de interesses e por isso, diante desse impasse, a melhor alternativa que venho observando é o diálogo assistido.

Quando sensibilizados sobre a imperiosa necessidade de renovação dos modelos de liderança, teremos fundadores mais adeptos e engajados. Obviamente que, por mais uma vez, o estilo pessoal será propulsor dessa velocidade, uma vez convencidos o processo será mais fácil, e a organização terá um potente embaixador da mudança. Caso contrário, a realidade nos traz diversos exemplos de organizações que não resistiram e sucumbiram ao longo do caminho unicamente porque se enclausuraram.

O que me foi possível constatar ao longo da minha trajetória acompanhando essas empresas é que a presença de uma forte equipe de líderes, com engajamento e disposição para mudança, constituída por profissionais competentes (membros ou não da família), introduz um componente impessoal e não emocional nas empresas, nas relações e por conseguinte na forma de liderar. Aqui importa o tamanho da competência técnica, experiência ou robustez acadêmica de quem se posiciona desafiando o modelo. Essa isenção traz um pouco de liberdade e essa, a possibilidade de mudança. O conflito gerado passa a ser encarado como uma proposta de novas ideias e não como uma desobediência. Entretanto, encarar um líder fundador desfiando verdades cristalizadas, propondo novos modelos de gestão, não é para todos. Mas quando se consegue conquistar confiança e credibilidade esse cajado fica mais leve e extremamente prazeroso. Importante frisar que líderes fundadores possuem um "faro" apurado capaz de diagnosticar a léguas de distância as reais intenções, dessa forma, não os subestime. Discursos emoldurados e bem articulados sem consistência prática nem impressionam. Na verdade, se esvaziam e perdem força perante os questionamentos reais e objetivos. O que realmente vale é a intenção e não a forma. Vale a vontade de fazer. Vale a vontade genuína de contribuir.

Empresas que não estiveram atentas a esse processo se perderam ao longo do caminho, aquelas que fizeram uma transformação abrupta perderam sua configuração de origem e se transformaram em algo tão novo e tão diferente que deixaram de ser reconhecidas, interna e externamente. Porém, aquelas empresas que adotaram um compromisso de renovação gradativo, constante e contínuo, não abrindo mão da sua essência e propósito, estão em processo de perpetuidade, respeitando as novas lideranças e suas formas de agir, e sendo por elas respeitadas.

O destino me direcionou para organizações familiares cujas histórias de sucesso me ensinaram muito sobre esse universo. Conviver com fundadores, executivos membros da família, executivos de carreira, conselhos e comitês, me fez ter a noção exata da responsabilidade do legado bem como do desafio diário de congruência entre esses interlocutores.

Exatamente nessa ordem aprendi a entender, a respeitar, a admirar e a me apaixonar pelas "empresas de pai para filho que me permitiram estar no meio do caminho".

Eu lidero, você lidera,
nós lideramos

Lucijane Oliveira De Ulhoa

Psicóloga Clínica e Organizacional, psicanalista, escritora. Pós-graduada em Psicanálise – PUC, Administração de Recursos Humanos – Faap, MBA Liderança e Gestão de Pessoas – FGV. Especialista em Transtornos da mente, alimentares e de obesidade – CEPSIC/Hospital das Clínicas. Membro da Associação Brasileira de Medicina Psicossomática e da Sociedade Brasileira de Coaching. Foi executiva de empresas na área de recursos humanos. É empresária da "Luci Ulhoa Psicologia Clínica e Organizacional Ltda.", fazendo o que sempre fez e ama fazer: cuidar de pessoas visando a saúde mental e profissional de seus pacientes e clientes. Coautora do livro "Mulheres na Psicologia Vol.I" – Editora Leader.

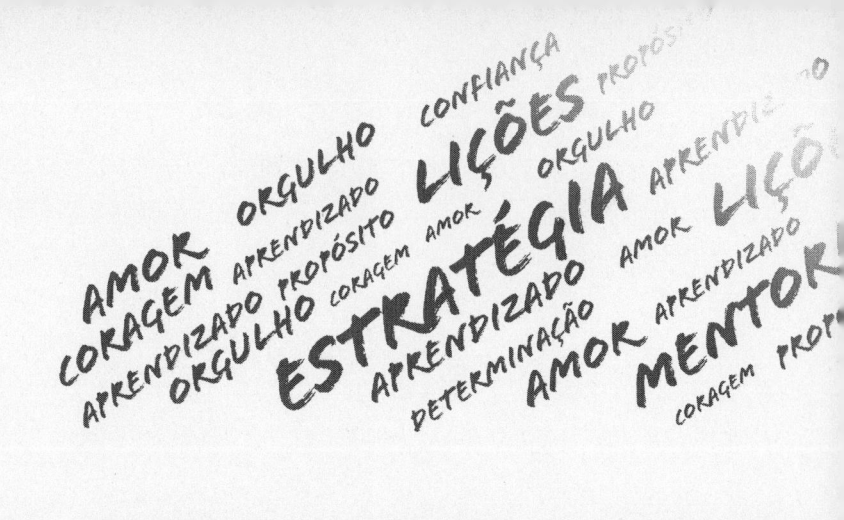

"Se você quer que eu aprenda, ensina-me O QUÊ. Se você quer que eu faça, mostre-me COMO. Se você quer resultado, diga-me PARA QUE, e se você quer que eu seja um talento no que faço, confie em mim e deixe-me 'SER'." – Luci Ulhoa

A gradeço a Andréia Roma, por mais este convite. Ter participado do livro "Mulheres na Psicologia Vol.I" foi uma experiência fantástica, e agora, participar neste novo projeto, "Mulheres na Liderança", é algo na ordem do "nunca imaginado"; feliz em pertencer!

Com o título **Eu Lidero, Você Lidera, Nós Lideramos**, convido vocês, leitores(as), a virem comigo nesta narrativa, refletindo sobre o tema liderança, com o objetivo de que, ao longo deste capítulo, você encontre algo que possa ser aplicável à sua trajetória de vida e/ou profissão.

Aguentem firmes e espero que gostem!

EU LIDERO quando sei o que quero e espero do outro

Liderar, para mim, se mistura com viver em todos os sentidos. Lideramos antes do nascer, quando conseguimos vencer a trajetória da fecundação, do desenvolvimento fetal, da ligação intrauterina. Quando nascemos, ainda bebês, lideramos com nossas expressões, graças e gestos – chamando a atenção dos adultos para nos servir, ensinar e cuidar, um "jogo linguístico" em que expressamos o que gostamos e não gostamos, "fazendo" com que o outro nos atenda. Crescemos e buscamos, dentro dos nossos recursos, continuar a liderar nossas escolhas, nossa vida, tanto profissional quanto pessoal. Alguns de nós apresentam maior facilidade e lideram sem perceber, são os talentos naturais para liderança que podem e devem ser aprimorados, enquanto outros apresentam menor afinidade, mas podem melhorar com investimento em autoconhecimento (na minha opinião o melhor deles, muita terapia, análise pessoal), treinamento e desenvolvimento de competências.

Sobre mim

Sou primogênita de uma família de cinco irmãos (Shirley, Aleksandra, Ana Paula e Jonathas). Casada com o JP e mãe do Arthur e do André. Acredito ter no sangue a vitalidade para liderar e trabalhar, que adquiri com meus pais (João e Maria), que desde sempre trabalharam muito, e sempre com honestidade e ética. Minha mãe cuidando de pessoas na área da saúde, agora aposentada, e meu pai, minha principal fonte de inspiração, gerindo e liderando seu próprio negócio, aos seus 80 anos, quase sempre com um sorriso no rosto ou uma tirada humorística, que alivia sua angústia e de quem estiver por perto, um "'chiste", como diria Freud, engajando, com seu jeito de ser, novos clientes e amigos, todos os dias. Bom humor, capacidade de rir de si próprio e empatia deveriam ser, na minha opinião, as primeiras competências para ser líder, bem como honestidade e ética, que não deveriam ser consideradas competências, e sim valores que devem estar intrínsecos na formação do caráter da liderança. Aprendi com meus pais e com a vida que para liderar não se tem idade, se tem é vontade e competência para servir ao outro, a uma causa, a aprender e ensinar sempre.

Comecei a trabalhar aos 14 anos em uma empresa de comércio exterior no departamento de pessoal, enquanto cursava o ensino médio técnico em Administração de Empresas para, assim, já sair com uma profissão – consegui uma bolsa parcial de estudos. Aos 19 anos ingressei na faculdade de Psicologia, fiz três anos de estágio em uma companhia aérea e em uma multinacional, na qual fui efetivada ainda estudante. Aos 25 anos, formada, ingressei em uma editora e rede de livrarias, onde iniciei minha trajetória como executiva da área de Recursos Humanos. Desde sempre, liderei, projetos, pessoas, organizações e, com muito prazer, há quase uma década fundei a LUCI ULHOA PSICOLOGIA CLÍNICA E ORGANIZACIONAL, empresa focada em saúde mental e profissional, oferecendo tratamento e serviços em Psicologia Clínica e Organizacional, Psiquiatria e Nutrição.

Sempre fui orientada por líderes mulheres, então não saberia dizer como é ser liderada por um homem. Com estas lideranças, tive alguns entraves, como chefias centralizadoras e competitivas, me custando algumas noites de insônia e insegurança, mas posso afirmar que essas líderes femininas me deram, de alguma forma, contorno e ensinamentos para crescer na carreira organizacional e a isso sou grata. Quanto a ser mulher em cargo de liderança em relação a liderança masculina, senti na pele a diferenciação da faixa salarial, porque em muitos casos, ainda, os homens ganham mais que as mulheres. Mas ainda acabaremos com isso!

Uma dúvida comum e não sem precedente entre as mulheres, principalmente em início de carreira e aspirantes a cargos de liderança é se é possível ter sucesso na profissão, casar e ser mãe. Digo que sim, é, se este for o seu desejo. Fácil não é, mas, quando se quer mais, ainda, vale muito a pena. A maternidade foi uma das melhores coisas que aconteceu na minha vida, me impulsionando a buscar, a cada dia, tornar-me um ser humano melhor, tanto na vida pessoal como profissional.

VOCÊ LIDERA quando as expectativas entre líderes e liderados estão alinhadas

Usarei um "recorte" de um *case* de trabalho que desenvolvi em uma empresa onde trabalhei, e que foi apresentado e aprovado em minha monografia do MBA na Fundação Getulio Vargas, sob o tema *"Gestão de Talentos: A fuga significativa de talentos e o alinhamento de expectativas entre líderes e liderados – 2012"*. Aqui, pretendo deixar uma mentoria de como alinhar expectativas entre líderes e liderados, usando como base a descrição e validação de competências.

> *Ter talento não basta: é preciso também a sua permissão para ele – não é, meus amigos? (Nietzsche)*

As mudanças e transformações com as quais organizações e profissionais têm se deparado no mundo do trabalho ocorrem, a cada dia, com maior velocidade.

Torna-se precioso cada segundo do trabalho humano, para que as empresas continuem produtivas e competitivas.

No final da década de 90, lembro-me bem que a gestão de pessoas nas organizações mostrava-se mais pautada em formar e valorizar lideranças imediatistas, que levassem liderados a produzirem mais por menos, sem tempo de questionar, de especializar-se, descobrir ou mesmo fortalecer suas competências. Atualmente, vivemos em um mercado de trabalho globalizado e plural, em um cenário onde buscam-se e criam-se, com maior rapidez, novas oportunidades e possibilidades de trabalho e/ou carreira, onde se precisa criar ambientes que valorizem os talentos singulares, o aprendizado. Surgem novas formas de se relacionar com o trabalho e suas ofertas, gerando maior mobilidade do capital humano dentro e fora das organizações, refletindo-se, em muitos casos, numa significativa fuga de talentos internos, o que pode levar empresas a um *gap* de sua identidade cultural e perenidade. Peter Drucker (2005,p.78) dizia que a era ou sociedade do conhecimento tem três características:

[...] – Inexistência de fronteiras, porque o conhecimento viaja ainda mais facilmente do que o dinheiro.

– Mobilidade ascendente, disponível para todos através da facilmente adquirida educação formal.

– Potencial de fracasso, bem como de sucesso. Qualquer um pode adquirir os "meios de produção", isto é, o conhecimento necessário para o trabalho, mas nem todos poderão sair vitoriosos.

O conhecimento deixou de ser privilégio de poucos, porém o acesso rápido à informação não trouxe, necessariamente, para as empresas e seus líderes, a solução de todos os seus problemas. Com mais recurso tecnológico entramos na era da conexão, da imersão, das relações e realidades virtuais; mas nem por isso o mundo da gestão e liderança tornou-se "cor de rosa", é notória e real a dificuldade que as empresas e seus líderes encontram para transformar o conhecimento em ação. Assim sendo, não adianta ter conhecimento, buscar inovação em processos de gestão de pessoas, se não for estruturado, "lapidado" um plano de ação para que a mudança aconteça – Eureka! Sem plano de ação não existe mudança.

Mentoria

Alinhar expectativas entre líderes e liderados, quando bem feita, creio ser uma valiosa ferramenta para se identificar como "transformar o conhecimento em ação", reduzir a perda de talentos internos e gerar valor para a organização.

Dica de ouro

Para um líder implantar com sucesso qualquer trabalho de liderança dentro de uma empresa, inicialmente precisa identificar em qual estágio esta empresa encontra-se. Deixo aqui um autor que pode ser consultado para auxiliar nesta identificação: Neil C. Churchill (1994 *apud* BIRLEY, 2001), que relata que existem seis estágios do crescimento empresarial, pelos quais passa a maioria das empresas bem-sucedidas:

I– concepção/existência;

II– sobrevivência;

III– lucratividade e estabilização;

IV– lucratividade e crescimento;

V– decolagem; e VI– maturidade.

NÓS LIDERAMOS: Quando todos ganham

Saber o que esperar do outro, e rever alguns paradigmas organizacionais, traz benefícios para o alinhamento de expectativas entre líderes e liderados. E é com este entendimento que gostaria que ficassem.

A facilidade de conseguirmos informações e conhecimento vindo pela sociedade do conhecimento, da conexão, não cessa o risco de não tomarmos as ações necessárias para o desenvolvimento organizacional. Estimular e promover o alinhamento de expectativas entre líderes e liderados pode ser um bom começo.

Líderes devem se interessar pelas atitudes de seus liderados, pois estas sinalizam problemas e influenciam comportamentos.

Alinhar o desenvolvimento de pessoas com a estratégia da empresa é essencial para se criar programas de valorização dos talentos internos; no entanto, não se pode simplesmente reproduzir modelos de outras empresas. O alinhamento de expectativas entre líderes e liderados, bem como a retenção de pessoas na organização, deve começar pela atração e seleção de pessoas. Quando eleitas e mapeadas as competências da organização e de seus talentos, pode-se gerir sinergia, comprometimento e alinhamento de expectativas.

Como descrever e validar competências:

O conceito de competência surgiu em meados de 1970, com David McClelland, a partir de uma pesquisa realizada com o serviço diplomático americano, com o questionamento do porquê alguns embaixadores eram mais bem-sucedidos do que outros, tendo todos praticamente a mesma formação. Como conclusão da pesquisa, foi observado que determinadas atitudes evidenciavam traços de personalidade e de caráter (capacidade de liderança, raciocínio lógico, criatividade, entre outros) e essas características, mais do que o currículo ou o QI (Quociente Intelectual), faziam a diferença na hora de lidar com situações adversas.

David McClelland (1987.p.6) definiu competência como:

Observáveis características individuais, conhecimentos, habilidades, objetivos, valores, capazes de predizer, causar efetiva ou superior performance no trabalho ou em outra situação de vida.

Entre outras definições para competência, destaco também a do autor Joel Dutra (2001), que coloca competência como a capacidade de transformar habilidades e conhecimentos em entrega.

Competências de perfil de cargo devem considerar:

- Foco na cultura corporativa,
- Competências organizacionais (crie-as primeiro),
- Políticas e procedimentos internos,
- Fatores que irão descrever o cargo e o perfil do candidato — a pessoa, sua biografia e socialização, a formação educacional, e a experiência profissional.

Fatores comuns em qualquer descrição de competência são:

- O título ou rótulo da competência (ex.: trabalho em equipe),
- Definição do que o título/rótulo significa – pode ser uma definição genérica ou uma específica para a organização.

- O número de indicadores comportamentais que explicam qual o desempenho desejado e qual o tipo de comportamento deve ser apresentado.

Exemplo de como descrever a finalidade de uma competência

Trabalho em equipe é necessário apresentar um comportamento positivo em relação aos demais.

Indicadores de comportamento efetivo:

Estabelecer e manter boas relações de trabalho; ser cooperativo e ajudar quando necessário.

- Contribuir com os demais de forma positiva; envolvendo-se e oferecendo ajuda,
- Respeitar o esforço e horário dos outros; ser pontual,
- Compartilhar o próprio conhecimento e habilidade para ajudar os outros,
- Solicitar ajuda a outros membros de equipe quando necessário,
- Ouvir os colegas e reconhecer seu próprio conhecimento e habilidades.

Indicadores de comportamento excelente:

- Gerar entusiasmo, espírito de equipe e oportunidades para que os colegas alcancem resultados.
- Antecipar as necessidades da equipe e fazer os ajustes necessários.

Indicadores negativos:

- Ser solitário, não se preocupando com os demais membros da equipe.

- Não ser cooperativo; incerto; deixando os outros "para baixo".
- Atribuir a culpa a outros membros.
- Nunca se voluntariar.

Como mapear competências

No trabalho desenvolvido na empresa onde trabalhei como executiva de recursos humanos escolhemos o método da abordagem quantitativa, usando a técnica de amostragem por agrupamento; formando o grupo de pesquisa, composto por dez liderados de áreas diversas e dez líderes, que responderam às perguntas do formulário elaborado.

O formulário utilizado na pesquisa fez uso de questões fechadas, apresentando um número limitado de alternativas de respostas — escolha de sete competências em uma lista de 13.

A aplicação da pesquisa foi individual, tendo como identificação — para a amostragem do grupo de liderados — curso de formação, e tempo na empresa; na amostra de líderes — formação educacional, tempo no cargo e tempo de empresa.

As respostas foram submetidas a uma análise quantitativa, elegendo as sete competências mais votadas como homologadas para uso inicial nos processos de aprovação de novos candidatos.

Traçando um paralelo entre as competências eleitas na amostra do grupo de liderados e do grupo de líderes, bem como validando a descrição, entendimento de cada competência eleita, obtivemos um levantamento sobre o alinhamento de expectativas entre os dois grupos.

Por fim, a descrição de competências deverá ser construída e validada em conjunto com todos os **níveis hierárquicos** da área envolvida e servirão como uma bússola para uso nos demais processos de gestão e liderança de pessoas na empresa.

Finalizo com uma frase da minha mãe: *"Se você não se levantar para acender a luz, não poderá reclamar do escuro"*, concluindo que, se os líderes não permitirem aos seus liderados mostrar o que sabem e como fazem uma tarefa, e promoverem espaços para dialogar e criar, não poderão reclamar quando eles partirem!

Obrigada!

A Recompensa

Rafaela Danzi

Com 30 anos de experiência e sempre apaixonada pelo mundo corporativo, iniciou a sua jornada muito cedo. Começou a trabalhar aos 14 anos e construiu uma carreira sólida em marketing por 15 anos. Mas queria mais. Queria fazer diferença na vida das pessoas. Após uma longa jornada, compreendeu o seu propósito e há mais de dez anos se tornou empresária, lidera duas empresas e trabalha intensamente com desenvolvimento humano, unindo pessoas ao redor de um mesmo propósito com sensibilidade, compromisso e colaboração; instigando, reconhecendo e deixando aflorar o melhor de cada um. Escritora, palestrante e conselheira de administração, sente-se orgulhosa de trabalhar com algumas das maiores lideranças do país e segue em constante movimento, abraçando novas formas de atuar e dar voz ao que acredita.

AMOR ORGULHO CONFIANÇA LIÇÕES PROPÓSITO
CORAGEM APRENDIZADO ORGULHO
APRENDIZADO PROPÓSITO CORAGEM AMOR APRENDIZADO
ORGULHO CORAGEM **ESTRATÉGIA** *AMOR LIÇÕES*
APRENDIZADO AMOR LIÇÕES
DETERMINAÇÃO AMOR APRENDIZADO
MENTOR
CORAGEM PROP

"Em caso de despressurização, máscaras de oxigênio cairão automaticamente. Coloque a máscara de oxigênio primeiro em você. Puxe uma delas, coloque-a sobre o nariz e a boca e só depois auxilie os outros, se necessário."

Você já pensou na profundidade dessa mensagem?

Quando há queda na pressão do ar dentro do avião, a máscara fornece oxigênio para mantê-la segura até você chegar a uma altitude onde o ar é respirável. Sem máscara, você perde a consciência. Se optar em ajudar o outro antes de colocar a sua máscara, ambos morrerão.

Diariamente, "máscaras de oxigêncio cairão sobre as suas cabeças", mas, por instinto, ajudamos os outros primeiro, principalmente membros da familia. É fácil perder de vista o seu bem-estar quando você está amparando a sua família, apoiando aqueles que lidera, respaldando a sua empresa.

É como se a despressurização ocorresse aos poucos e fosse crescendo. O oxigênio vai acabando, e leva com ele a sua tranquilidade, o seu humor, o seu bem-estar, a sua satisfação pessoal, a sua alegria, o seu sorriso, até chegar o momento em que o oxigênio acaba de vez.

Este é o momento no qual, mesmo com a consciência comprometida, a necessidade de liderar a própria vida se torna evidente. É um chamado para o autoconhecimento.

O despertar

O despertar simboliza o reconhecimento e o incômodo com as suas insatisfações, associado ao desejo de mudança. Este desejo é um convite para o autoconhecimento, no qual você começa a questionar quem é e o que realmente quer da vida.

A coragem de aceitar esse convite é o primeiro passo na liderança da própria vida, marcando o compromisso com a autodescoberta e a autorrealização.

Não há como desassociar autoliderança e autoconhecimento. Você precisa buscar a sua própria essência para superar limitações internas e realizar seu potencial pleno.

Significa deixar para trás as velhas crenças e comportamentos que não servem mais e adentrar um território desconhecido de possibilidades. É neste ponto que você entende que assumir a liderança da própria vida requer coragem para enfrentar o desconhecido e a vontade de se transformar.

"Autenticidade é a prática diária de deixar de lado quem pensamos que devemos ser e abraçar quem somos." Brené Brown

O enxergar

Todos nós temos o lado LUZ e o lado SOMBRA.

Decidir cruzar a linha de chegada é tomar a decisão consciente de se comprometer com o caminho do crescimento pessoal. É o momento em que você decide enfrentar seus medos, sair da zona de conforto e embarcar rumo à mudança.

Crescemos com a crença de que precisamos equilibrar todos os pratinhos. Ora, na prática, os pratinhos caem. E normalmente os que caem são os que representam os nossos desejos, a nossa satisfação, os nossos "nãos" que não foram ditos, e muitas vezes até a nossa identidade. Mas quando eles desequilibram nós escolhemos os que vamos deixar cair. Sim, isso mesmo. A escolha é nossa.

Nós escolhemos achar que temos obrigação de ser nota 10 em tudo e ainda ousamos achar que somos em alguns aspectos nos quais não temos controle algum. Você pode se considerar uma mãe nota 10 e o seu filho achá-la uma mãe nota 7. Você pode entregar um projeto espetacular e o cliente não achar tão bom assim.

A expectativa de "dar conta de tudo exemplarmente" só nos faz entrar numa espiral de frustração por expectativas não correspondidas.

> *"Vulnerabilidade não é conhecer vitória ou derrota; é compreender a necessidade de ambas, é se envolver, se entregar por inteiro." Brené Brown*

O Burnout

Em 2020 eu surtei. Pandemia.

Comecei a trabalhar de casa, apartamento provisório, marido fora o dia todo, dois filhos em *homeschooling*, um deles na alfabetização, trabalho intensificou, incertezas sobre o vírus, preocupação com mãe idosa, pessoas morrendo.

A privacidade foi embora e a culpa chegou com força. O meu filho mais velho dava conta dos estudos sozinho e o mais novo, que estava sendo alfabetizado, precisava de mim durante as aulas. Sentia-me péssima por não poder dedicar mais tempo ao meu filho mais velho e dar-lhe a atenção que merecia, isso associado à culpa por ser impaciente com o mais novo, que, obviamente, dispersava durante as aulas.

Virei um dinossauro, eu só rosnava. Sentia uma cauda verde crescendo em mim a cada dia.

O meu aniversário chegou no auge desse caos.

As coisas básicas que nós, mulheres, fazemos (como comprar o próprio bolo de aniversário), eram intoleráveis para mim.

E este foi o dia D. Surtei com o "meu bolo", ou melhor, a falta dele. Ora, até no aniversário do cachorro me pediam bolo e no meu ninguém providenciou?!

Aí tudo acumulado veio à tona como uma avalanche de neve. O dinossauro soltava fogo. Muito fogo.

Esgotei.

Nesse momento, eu aprendi que demanda de trabalho, de compromissos, de agenda, nós damos conta. O que desestrutura mesmo é a demanda emocional.

O transformar

A "despressurização" estava acontecendo lentamente, sem que eu percebesse, até que o oxigênio acabou. Os meus momentos inegociáveis de privacidade, que carinhosamente chamo de *me, mysef and I,* não existiam mais; a leitura, que é um momento mágico e viciante para mim, não existia mais; o sentir-se valorizada, acolhida e até mesmo amada, não existia mais. Eu permiti isso.

E foi necessário chegar ao fundo do poço para reerguer-me e afirmar com absoluta convicção que o *burnout* foi a melhor coisa que me aconteceu.

Afundei-me em autoconhecimento (mentoria, *coaching*, psicanálise, PNL sistêmica), e descobri duas coisas fundamentais: a primeira é que eu tinha expectativas em relação a algumas coisas, que interferiam no meu bem-estar quando não atendidas, o que era frequente. Eu criei as expectativas, eu tinha que mudar, responsabilidade minha. A segunda foi a descoberta de que, apesar de ensinar com sucesso às minhas mentoradas, eu não sabia dizer "não". Eu não puxava a máscara de oxigênio primeiro para mim. Mais uma vez, era eu quem precisava mudar, a responsabilidade era minha.

Aprendi a conviver melhor com o malabarismo dos meus

pratinhos quando entendi que fazer meu melhor sempre estava sob o meu controle, mas ser nota 10 em tudo, não. Eu posso influenciar, mas não controlar o resultado.

Abraçar as minhas imperfeições e estabelecer limites (não somente para mim, mas para todos ao meu redor) trouxe-me leveza para lidar com o meu dia a dia – e diminuiu sensivelmente minha culpa. Esta foi uma escolha consciente no meu processo de retomar a liderança da minha vida.

Tomar decisões autônomas, fazer escolhas conscientes, libertar-se de condicionamentos e expectativas externas, abre espaço para uma vida mais autêntica e isso reverbera em todas as áreas da vida. Impacta na autoestima, na autoconfiança, na segurança emocional e física e na resiliência diante dos desafios da vida, contribuindo para um senso de propósito e direção.

A liberdade

É decisão sua puxar a máscara de oxigênio primeiro para você. Não é uma decisão fácil nem indolor, mas é transformadora. Aquela Rafaela ficou no passado. Sinto-me poderosa!

Exercer a sua autoliderança significa olhar para você mesma com compaixão. É deixar a armadura de lado e falar sobre seus sentimentos, aprender com os seus erros, dizer "não", fazer novas escolhas. É entender que você vai desagradar quando mudar o seu padrão de comportamento, o seu padrão de pensamento, mas, acima de tudo, entender que você estará mais plena, mais viva, mais segura, mais poderosa.

Quando nos sentimos assim, tudo em nós muda. A maneira de se comunicar, a postura corporal, a expressão facial, o estilo de vestir. Muda para melhor.

A liderança está intrinsecamente ligada à liberdade. E é uma força poderosa, que tem o potencial de transformar profundamente o ser humano.

Dá um frio na barriga, porque os medos, inseguranças e hesitações ficam mais latentes. Como o meu marido vai reagir? O que o meu líder vai pensar? A minha mãe vai surtar?

Autoliderança é assumir uma postura franca, mesmo que difícil. É um compromisso com você mesma de abraçar a sua vulnerabilidade, de ser destemida para assumir novas responsabilidades, de identificar os seus gatilhos e reconhecer que precisa mudar. É estar disposta a ouvir e a falar com assertividade e tato. Todas essas habilidades são treináveis, mas você precisa querer.

O medo paralisa. A não ação é uma escolha. Ou seja, não fazer nada é escolha sua.

Muitas vezes o medo do sucesso está na mesma proporção do medo do fracasso. Isso se dá porque tudo na vida tem ônus e bônus, e o sucesso não foge à regra. Esse medo costuma estar mais associado ao destaque no ambiente familiar e afetivo do que no profissional. Como vão encarar? Como vão reagir? Como vou conviver em paz?

A autenticidade é um dos pilares da Brené Brown, reconhecida internacionalmente nas suas contribuições com o tema vulnerabilidade. Líderes autênticos são aqueles fiéis a si mesmos e aos seus valores. Eles não tentam ser perfeitos e é isso que inspira confiança e lealdade.

O PROPÓSITO

A minha missão é iluminar o caminho de outras mulheres para que despertem o seu poder, assim como despertei o meu.

Hoje tenho um objetivo: Capacitar mulheres a assumirem o protagonismo e liderança nas suas vidas e construirem o seu legado por meio do autoconhecimento, mudança comportamental e intencionalidade, começando pela única coisa de que elas têm controle: elas mesmas.

"O nosso grande medo não é o de que sejamos incapazes. Nosso maior medo é que sejamos poderosos além da medida. É nossa luz, não nossa escuridão, que mais nos amedronta. Não há nada de brilhante em encolher-se para que as outras pessoas não se sintam inseguras em torno de você." Marianne Williamson

O farol

Ser uma mulher líder de si mesma é ser uma mulher segura, forte, inteligente, que se posiciona com elegância e transmite autoridade. Costumo dizer que uma mulher assim "chega chegando", que essas características exalam pelos poros.

A vibração é tão elevada, que quando ela entra em um ambiente pode criar um contraste com as energias ao seu redor. É como um espelho, que revela as inseguranças daqueles que ainda estão em busca de seu próprio caminho, que podem sentir-se ameaçados ou incomodados.

Mas tenha em mente: não dimerize o seu brilho para acomodar o desconforto alheio.

Seja como um farol, inspire outras mulheres a elevarem suas próprias vibrações e a encontrarem seu próprio poder. Cada uma está em sua própria jornada de crescimento, e o brilho de uma mulher poderosa pode ser o catalisador que desperta o potencial adormecido delas.

O nosso brilho tem o poder de inspirar e transformar.

O ressignificar

Meus pais foram figuras que, através de suas próprias dificuldades, me ensinaram lições valiosas sobre as quais moldei a minha vida. Hoje eu os agradeço por isso.

Liderança feminina e paixão precisam andar juntas!

Rita Pereira

LINKEDIN

Formada em Tecnologia da Informação com pós em Gestão Estratégica pela UFMG e três certificações Six Sigma (estatística aplicada à gestão de negócios).

Como Master Black Belt, atua na implementação de projetos de melhoria de eficiência operacional em empresa de serviços e tecnologia com experiência nacional e internacional (Europa).

Executiva C-Level de Operações, Gestão e Qualidade com expertise em mercado Varejo, Corporativo e Governo. Há mais de 20 anos atuando com gestão de negócios. Responsável pela formação de times Six Sigmas de atuação multidisciplinar na reestruturação e melhoria contínua em diversas operações de atendimento a clientes. Premiada nacionalmente com melhor performance de atendimento em empresas de Telecomunicação por dois anos consecutivos.

Docente da disciplina Six Sigma nos cursos de pós-graduação da PUC com foco em trazer uma visão prática da aplicabilidade da metodologia ao negócio e mentora do programa de mentoria "Nós Por Elas". Recentemente atuando como conselheira em empresas privadas.

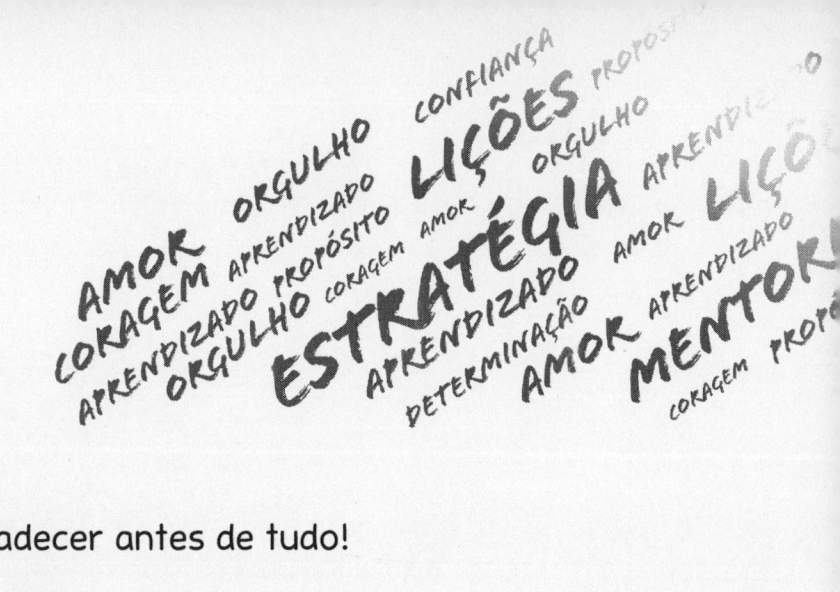

Agradecer antes de tudo!

Participar aqui como coautora de um tema que gosto tanto de falar me deixa extremamente feliz, por saber que aqui ficarão registros importantes, orientações e dicas para ajudar outras lideranças femininas ou as que ainda vão entrar neste mundo onde somos diferenciadas por simplesmente sermos mulheres!

Aqui vou contar de forma resumida a minha trajetória como líder feminina, meus aprendizados e também erros que me fizeram acertar mais tarde. Porque a maior certeza que precisamos ter é que os erros vão acontecer e que identificá-los fará a grande diferença nesta jornada.

Espero conseguir passar dicas de sucesso para você que busca ou trilha este mesmo caminho.

Gratidão a esta oportunidade! Vamos lá?

Uma trajetória de liderança que começou aos 25 anos!

Tornar-se líder muito jovem já é por si só um grande desafio, sendo mulher eu diria que é um desafio em dobro!

Iniciei minha carreira como estagiária, passando a assistente administrativo, analista de informação, analista de qualidade e nesta ultima função mergulhei fundo em conceitos de gestão, estatistica e processos auxiliando as diversas áreas de uma grande empresa de telecomunicações do Brasil a atingir seus resultados. E foi tão prazeroso ver o fruto de meu trabalho ser explorado pelas áreas com resultados reais, sejam eles financeiros ou qualitativos. O brilho nos olhos era tão grande que me arrisquei com ousadia e determinação a deixar claro para a empresa que eu estava pronta para ser testada e preparada para "descer para o play", ditado que usamos no meio corporativo.

E acabei descendo...

Antes de contar como foi, é importante deixar uma dica de liderança que fez todo sentido pra mim nesta 1ª etapa: "Faça sempre o seu melhor!" E esta frase continua fazendo sentido até os dias atuais! Dedicação e disciplina sempre serão a chave do sucesso para conseguirmos evoluir em nossos desafios e propósito!

E a história da minha liderança começou com uma entrevista com um dos principais diretores de negócios desta conceituada empresa de telecomunicação e tecnologia, profissional este que sempre admirei e aprendi muito no período em que atuei como especialista *green belt* nas operações do Brasil.

Lembro-me que a entrevista foi inesquecivel! Além das perguntas de praxe usadas em conversas de *assesment* como estas, teve uma muito interessante e que guardo até hoje na memória. Ele perguntou onde eu gostaria de estar em alguns anos à frente. Lembro-me que não hesitei em responder que gostaria de estar na cadeira dele! Um pouco espantado, ele retrucou perguntando o que seria dele neste cenário onde ocupo a posição dele. Então respondi o que de fato estava no meu coração naquele momento. Eu disse que trabalharia de forma dedicada e aprendendo com ele todos os dias para um dia estar ali. Mas que o meu trabalho o levaria a posições ainda maiores da que estava.

Lembro-me que ele me olhou de forma espantada e disse: "Seu brilho no olho é verdadeiro!" Mais tarde fui informada pelo RH que havia passado na entrevista.

Acredito muito que a paixão que demonstrei e principalmente o brilho no olho, uma característica minha muito forte, foram determinantes para que conquistasse esta tão sonhada vaga. Alguns falam que foi sorte! Eu costumo dizer que foi o famoso encontro de preparo + oportunidade, também chamado por muitos de "sorte".

Deste momento em diante entrei no mundo da liderança, ainda jovem e cheia de energia para aprender e me doar aos desafios. Nunca vou esquecer a 1ª equipe que me apoiou e seguiu comigo por bons anos conduzindo uma grande operação de televendas no Brasil.

Nos anos que se seguiram, sempre ocupei posições relacionadas a atendimento, satisfação do cliente e retenção. Me especializei em pós-venda e *costumer experience* dos serviços ofertados por esta grande empresa. Me tornei referência e líder de grandes times e contratos terceirizados em todos os estados do Brasil. A liderança à frente deste desafio me permitiu diversas interações com diferentes times (operações, marketing, financeiro, RH e outras). Foram vários talentos que passaram por mim como equipe e me permitiram aprender e ensinar. Um verdadeira troca que só engrandeceu a todos nós. Muitos se tornaram amigos pra vida e até hoje seguem comigo!

Atualmente trabalho em outro ramo de negócio voltado para o setor público. Uma empresa que tem como propósito entregar dignidade ao cidadão através de serviços públicos operados com qualidade e tecnologia. Na função que ocupo tenho todos os dias a oportunidade de estar vivendo mais de perto o meu propósito pessoal.

A liderança e minha maternidade me tornaram uma pessoa muito melhor

Não poderia deixar de ter um capítulo voltado a este tema, pois nas mentorias que realizo este é um ponto muito citado entre as mulheres e precisamos desmistificar, falar e trazer as verdades que envolvem a mulher líder e a maternidade. E o meu relato é o que segue.

Costumo dizer que a maternidade melhorou meu olhar de líder e minha maneira de conduzir. Me tornou mais humana, mais sensível e muito mais disposta a ajudar.

Me tornei mãe aos 33 anos e nesta idade já tinha quase oito anos de liderança com equipes. O bem bolado que precisamos fazer para conduzir equipes, resultados e ser mãe é a mistura mais louca e maravilhosa que se pode ter, embora seja árdua e difícil.

Somos forjadas a desistir o tempo todo! Seja por assédio moral vivenciado de forma velada ou até mesmo escancarado dentro das empresas, seja porque nós mesmas nos sabotamos. Criamos fantasmas, medos e a tão temida síndrome da impostora.

Acumulamos tarefas, pela sociedade machista, somos responsáveis pelos cuidados da casa, filhos e até mesmo definição dos afazeres domésticos e, é claro, ter que ser uma ótima profissional e líder. Associado a isto, empresas, áreas e pessoas tóxicas tornam este ambiente ainda mais desafiador.

Fui vítima da disparidade salarial e assédio moral, o que tornou a minha caminhada ainda mais difícil. A maternidade veio para ser bálsamo em tudo isto e trazer aquela dose extra de força para continuar. E que bom que continuei! Além de não ter opções para desistir, hoje em dia eu ouço da minha filha as melhores palavras e sentimentos dela em relação a tudo que conquistamos. Sim, nós! Sem ela eu não teria conseguido seguir!

Mas vamos apimentar esta conversa com um pouco mais de estatística que é um tema de que particularmente adoro falar.

Apenas 54,6% das mães de 25 a 49 anos que têm crianças de até três anos em casa estão empregadas, segundo o IBGE. Outro estudo destaca que 30% das mulheres deixam o mercado de trabalho para cuidar dos filhos, enquanto que entre os homens essa proporção é quatro vezes menor, de 7%.

Assustador, né?! Sim! Eu também acho!

Mas também acho que devemos olhar para isto e nos encorajar para mudar! Esta situação, hoje, se tornou minha bandeira de vida! Puxar as outras mulheres para posições de destaque e de melhor visibilidade e remuneração! Somos merecedoras e capazes!

Por mais que tentem nos tranquilizar quanto às sanções previstas às mulheres que lidam com a maternidade, algumas de nós se sentem pressionadas, até porque também é uma questão cultural. Nos cobramos o tempo todo! E não ser "impecável" em alguma das frentes não está em nossa cota de mulher, não é mesmo?!

Meu convite aqui é simplesmente experimentar ser nós mesmas! E isto basta! Parem de se punir, de se cobrar, de adiar a maternidade por medo!

Precisamos levantar a nossa bandeira! Somos mulheres, excelentes líderes e podemos exercer a maternidade sim, se assim queremos.

E atualmente, pra onde estou conduzindo minha liderança?

Desde 2019 minha carreira e propósito foram sendo definidos! Foram clareando melhor pra mim. Comecei a perceber que eu poderia ser muito mais do que fazia até então! Que eu poderia atuar e ser o que realmente quisesse. Ampliei meu raio de atuação. E que bom que isto aconteceu! Não foi fácil enfrentar meus medos, dramas e vieses inconscientes. Precisei me autoconhecer e dizer: "Prazer! Sou a Rita!"

Pois bem, comecei a lecionar para cursos de qualidade em pós-graduação na PUC na disciplina SIX SIGMA, a metodologia que me projetou nas áreas em que trabalhei e que me permitiu formar times de alta performance por onde passei.

Minha liderança segue voltada cada vez mais para o empoderamento de outras mulheres, para frentes relacionadas à governança e sustentabilidade. Liderança de negócios e nas questões relacionadas à diversidade dentro das empresas.

Me sinto hoje mais forte para provocar e tirar os times da zona de conforto, buscar os melhores resultados operacionais e financeiros, mas combatendo as injustiças que se apresentam.

Com o tempo venho me encontrando naquilo que me faz feliz e faz bem a outras pessoas. Descobri que isto se chama propósito! E que ele vai ficando a cada dia mais consistente. Não tenho dúvidas que hoje busco o "Combate às injustiças", sejam elas sociais, ambientais ou humanas!

E, com a experiência e oportunidades que tenho, posso sim fazer parte de projetos que promovam a melhora da saúde e educação às pessoas, principalmente no setor público. Vivi na pele a precariedade destas duas necessidades básicas com meus pais já falecidos e talvez este seja um dos grandes impulsionadores de onde quero chegar.

Não tenho dúvidas de que o Brasil e o mundo resolve com educação apropriada, distribuição de renda de forma justa, saúde para todos e encurtamento da ponte entre pobres e ricos. E se podemos fazer um pouco, por que não fazer?

Nesta minha caminhada, mantenho firme a prazerosa missão de conversar e mentorar mulheres e com a minha história tentar tirá-las de onde estão, mostrando um pouco de luz na escuridão temporária que estão vivendo. Outro dia ouvi uma frase muito impactante de uma desembargadora que entrevistei sobre violência contra a mulher. Ela disse: "Sejamos a mulher que arruma a coroa na cabeça de outra mulher e não a que critica porque ela está torta". E é sobre isso....

É para esta direção que minha liderança caminha todos os dias! E incrivelmente sinto que estou mobilizando para que a história de minha filha que ainda tem 11 anos seja diferente e com menos pedras pelo caminho.

Minhas dicas especiais de sucesso neste constante aprendizado de liderança

A trajetória de minha liderança em diferentes áreas, times e ambientes me permite hoje compartilhar com vocês lições e aprendizados que fizeram e ainda fazem a diferença no meu dia a dia. Vejam aí:

- Seja leal! A lealdade faz parte do caráter e você não vai se arrepender.

- Não passe por cima de seus valores! Eles são inegociáveis.

- Se um dia você quiser se tornar CEO ou diretora comece a se comportar como eles. Se prepare antes para o lugar em que deseja chegar. Isto faz toda a diferença.

- E por fim, seja gentil! Nunca sabemos o que o outro está passando! Um dia poderá ser você.

E não podemos esquecer que formar times e deixar nosso legado é parte importante de uma liderança. Na minha visão a liderança precisa estimular a interação e o respeito para que a equipe seja realizadora e neste sentido vale:

- Criar uma missão com o time;
- Fixar as metas e objetivos;
- Explicar as regras do jogo (dica de ouro);
- Dar autonomia para as pessoas do time;
- Treinar e ajudar quem travar no meio do caminho;
- Estar por perto e acompanhar os trabalhos;
- Evidenciar os reconhecimentos de cada um do time;
- Organizar reuniões produtivas e objetivas;
- Promover convívio, mesmo no on-line.

Como líder, é preciso fazer com que as pessoas entendam

como a atividade de uma impacta a outra e como podem trabalhar em conjunto para agir de forma mútua que traga o resultado desejado.

Acredito que este passo a passo consegue auxiliar a formar times mais coesos e voltados para os objetivos traçados.

Em se tratando de liderança feminina, sabia que nós temos características ímpares que nos diferenciam no posicionamento dentro das empresas? E precisamos nos orgulhar e fazer usos destas atribuições que somente as mulheres têm. Veja quais são os mais perceptíveis na minha avaliação:

1) **Comunicação efetiva** – Temos a sensibilidade capaz de moldar o nosso tom de voz e gerar empatia.

2) **Multitarefa** – pensamos e agimos rapidamente. A mulher consegue conduzir diferentes tarefas e orientar diferentes pessoas simultaneamente.

3) **Equilíbrio** – Sabemos a hora de realizar uma pausa e respirar e este respiro é que traz a consciência que o ambiente precisa.

4) **Conexão** – Temos a capacidade de sentir empatia pelo outro. Muito mais aguçada na mulher e isso porque ela é mais disposta a ouvir.

5) **Foco nos detalhes** – Somos altamente detalhistas, o que garante um pensamento mais crítico e analítico.

6) **Exigência** – Fazemos da melhor forma possível, sempre. E neste ponto precisamos tomar cuidado com o excesso de cobrança que nos fazemos. Dosar é o segredo.

7) **Flexibilidade** – Somos adaptáveis às mudanças, ponto muito importante para lidar com situações de instabilidade, que frequentemente acontecem no mundo dos negócios.

8) **A combinação entre força e delicadeza** – Conseguimos dosar os extremos fortes e os pontos mais delicados,

uma combinação perfeita para um posicionamento de liderança.

E de todas as características citadas chamo a atenção para a EMPATIA. Sempre vou dizer que a nossa empatia é uma habilidade valiosa em qualquer situação, mas é especialmente importante na nossa liderança feminina. A empatia permite que sejamos líderes que compreendem melhor as necessidades das nossas equipes e nos permite criar um ambiente de trabalho mais colaborativo e inclusivo.

E como podemos usar a empatia para liderar com sucesso:

Compreensão das necessidades das equipes: as mulheres líderes podem usar a empatia para entender melhor as necessidades e preocupações de seus funcionários. Isso inclui não apenas entender as necessidades profissionais, mas também as pessoais, como cuidados familiares e questões de saúde mental.

Criação de um ambiente inclusivo: as mulheres líderes podem usar a empatia para criar um ambiente de trabalho mais inclusivo, onde todos se sintam valorizados e respeitados. Isso pode incluir a promoção da diversidade e inclusão em todas as áreas da empresa, desde a contratação até as práticas diárias no escritório.

Resolução de conflitos: as mulheres líderes podem usar a empatia para ajudar a resolver conflitos no local de trabalho. Ao ouvir atentamente as preocupações de todos os envolvidos, elas podem ajudar a encontrar soluções que atendam às necessidades de todos.

Fortalecimento de relacionamentos: as mulheres líderes podem usar a empatia para fortalecer seus relacionamentos com funcionários, clientes e outros *stakeholders*. Ao se conectar com as pessoas em um nível pessoal, elas podem construir confiança e fomentar uma cultura de colaboração.

Demonstração de sororidade: as mulheres líderes também podem demonstrar sororidade, ajudando outras mulheres a crescerem em suas carreiras. Isso pode incluir a mentoria, *coaching* e reconhecimento do trabalho de outras mulheres.

Mensagem Final

Podemos e devemos ser quem desejamos ser!

Nunca foi fácil. E acredito que continuará sendo difícil por algum tempo, mas quem muda o rumo das coisas somos nós. E o primeiro passo é sair da posição de vítima. É atuarmos como protagonistas e conquistarmos o espaço que já é nosso, por direito.

Autoconhecimento é poder! E digo isto com a convicção de quem aprende e descobre novas coisas todos os dias. Estamos em constante aprendizado e podemos, sim, ser quem desejamos ser!

Precisamos ser proativas na abordagem de nossa carreira e encontrar maneiras de superar os desafios que vamos enfrentar. Busque mentores e pessoas que admire e estejam em posições que desejam alcançar, construa e amplie sua rede de profissionais (*network*) e busque oportunidades de capacitação para expandir suas habilidades e conhecimentos.

Em resumo, nós mulheres vamos sim enfrentar muitos obstáculos, mas com determinação, perseverança e o apoio principalmente de outras mulheres podemos superar esses desafios e alcançar o sucesso. A minha história é apenas um lembrete de que a liderança feminina é possível e deve ser valorizada e promovida. Estamos juntas!

Liderança autêntica
transforma o mundo

Rosane de Souza Ob[...]

Psicóloga pela PUC-RJ, pós-graduada em Marketing (PUC-RJ), MBA em Varejo (USP). Atuação corporativa como executiva por 20 anos, liderando áreas e projetos internacionais. Há 15 anos realiza consultorias para empresas em: saúde mental, liderança, futurismo, *mindfulness*, engajamento. Psicoterapeuta, especialista em Desenvolvimento Humano e Carreira. Certificações em: Psicologia Positiva, Terapia Cognitiva Comportamental, Coaching, Hipnose Ericksoniana, Liderança, Mindfulness, PNL. Membro: Associação Brasileira de Psicologia Organizacional e Trabalho (SBPOT), Associação de Psicologia Positiva da América Latina (Appal), Associação Brasileira de Recursos Humanos (ABRH), Heart Mind Institute e Eckhart Tolle Community.

Liderança significa construir relacionamentos e criar um ambiente positivo com a aptidão de realizar mudanças na direção de um futuro inspirador. Lideranças verdadeiras fazem com que suas equipes sejam baseadas em confiança e respeito, para que os talentos floresçam de forma livre, e, a partir desta realidade, obterem experiências de motivação e engajamento verdadeiros.

Na época em que assumi minha primeira posição de liderança numa multinacional, aos 25 anos de idade, possuía muito pouco conhecimento sobre os atributos e indicadores de sucesso para o cumprimento exitoso de minha função. E, mesmo tendo que liderar 100 pessoas na implantação de um modelo internacional de franquia no varejo nacional, recebi quase que nenhuma orientação para lidar com as inúmeras demandas das pessoas que faziam parte deste grupo.

Durante os 25 anos de trabalho em empresas de todos os portes, recebi muito pouco treinamento sobre liderança e, naquela época, entre os anos 1990 e 2010, esta era a prática dominante no mercado brasileiro. Nos últimos anos, em que ocupei cargos executivos, entretanto, pude integrar um programa de liderança dentro de uma empresa que foi um marco para mim e abriu minha mente para novos aprendizados no autoconhecimento e na liderança de pessoas. Este programa coincidiu com meu MBA, já iniciado, com especialização em Negócios de Varejo, em conformidade com meu setor de atuação. Desta forma, este período foi muito rico para minha evolução pessoal em termos de mentalidade e comportamentos desejáveis no que tange à atuação de liderança.

Após minha transição de carreira atuei com o desenvolvimento pessoal de indivíduos em crises sobre carreira e liderança, bem como empresas interessadas em serviços de *coaching* com executivos e sócios. Somado à minha experiência individual, atuei como consultora para uma empresa global reconhecida em treinamentos e *assessments* de liderança, por vários anos, o que me proporcionou amplo *know-how* sobre o mapeamento de competências, bem como em outros formatos de treinamentos de liderança.

Criação da minha mentoria

Sempre procurei inovar nos meus trabalhos executivos anteriores, na época em que gerenciava áreas comerciais ou projetos de negócios. Meu olhar de resultado considerava novos conhecimentos e interesses por implementar ideias emergentes no mercado. Claramente acabei por enfrentar resistências de lideranças mais conservadoras em muitas empresas onde trabalhei. O desafio de implantar novos produtos e serviços sempre era o que me fascinava nas posições que ocupava e nos interesses de inserir projetos e áreas.

A transição de carreira me aproximou definitivamente da Psicologia e me dirigiu a buscar modelos diferenciados que poderiam ser aplicados em organizações junto aos demais conhecimentos que já possuía sobre Negócios e Liderança.

Elaborei uma metodologia para Desenvolvimento de Liderança com base nos estudos de Psicologia Positiva.

Adotei abordagens capazes de promover o autoconhecimento do líder para que este manifeste estados internos mais qualificados e, consequentemente, tenha uma atuação sustentável com base na plena consciência de suas emoções, comunicação e comportamentos.

Dentro dessa metodologia própria, o líder precisa focar áreas e atributos específicos, que o manterão voltado permanentemente a atingir o seu potencial máximo viável a cada momento. O entusiasmo necessário só estará presente no líder se ele estiver monitorando a si mesmo, ou com ajuda de outros profissionais, para garantir o melhor uso de sua mente e corpo.

Início do programa de liderança

Elaborei um Programa de Liderança que pode ser implementado em empresa contratante ou indivíduo contratante. Utilizei a visão de cinco elementos da Felicidade Autêntica, baseada na Psicologia Positiva para bem-estar e qualidade de vida. A seguir, cada um deles:

1. Emoções Positivas

2. Engajamento

3. Sentido

4. Relacionamentos Positivos

5. Realizações

O objetivo da teoria de Felicidade Autêntica é aumentar a quantidade de florescimento na vida das pessoas e no planeta. Além dos cinco elementos primordiais mencionados existem outras características essenciais: autoestima, otimismo, resiliência, vitalidade e autodeterminação.

O Programa de Liderança, no ambiente corporativo, é iniciado por uma apresentação com a presença de todo o grupo de executivos selecionado, para saberem antecipadamente o que foi especialmente desenhado para um período específico. O propósito e ganhos do processo de desenvolvimento sempre é enaltecido considerando as perspectivas de crescimento do potencial inerentes ao processo para quem investe energia nele.

Caso a mentoria seja realizada para uma pessoa que contrate este serviço fora do ambiente organizacional, a reunião é substituída por uma apresentação oficial do cronograma e metodologia empregados diretamente em sessão individual. Este modelo é muito mais adaptado às necessidades permanentes de desenvolvimento, podendo receber materiais especialmente elaborados dentro do projeto.

Realizo um mapeamento de cinco áreas individualmente, que deve ser devidamente formalizado em documentos de apoio fornecidos por mim. As áreas possuem um registro das situações atuais assim como um registro de pontos de aperfeiçoamento como alvos principais em determinado período. Seguem os cinco focos abaixo com as respectivas explicações:

1. Saúde: qualidade do sono, atividade física regular, alimentação saudável, uso adequado de mídias sociais, manejo do estresse, períodos de descanso, inventário emocional;

2. Forças: pontos fortes, talentos naturais, gestão do desempenho, conhecimentos e habilidades, nível de coragem, exercícios de valores e autoconhecimento;

3. Realizações: nível de engajamento no trabalho, administrar atividades e tarefas de forma inteligente, identificação das distrações, quantidade de informação para lidar, trilha de conhecimento, resultados obtidos;

4. Relações: conexão real com as pessoas, ausência de controles sobre as pessoas, agir de forma autêntica, conduta otimista, praticar reconhecimento e gratidão, segurança psicológica;

5. Propósito: significado e comprometimento nas atividades, visão sobre expectativas x realidade, definição dos objetivos de longo e curto prazo, satisfação com vida pessoal, autobiografia ressignificada.

O acompanhamento da evolução das cinco áreas é realizado inicialmente e ao final, com o objetivo de:

- Permitir a entrada de novas ideias e perspectivas;
- Rever o nível de prioridade de certas necessidades de aperfeiçoamento almejadas;
- Excluir planos de ação de menor coerência para os objetivos finais.

Cada líder precisa estar continuamente observando seu nível de satisfação e evolução no conjunto dos cinco elementos que trabalham em sinergia entre si. O caminho para o sucesso individual se inicia pelo discernimento dos obstáculos que precisam ser superados para alcançar os objetivos e metas traçados inicialmente.

Considero essencial que haja uma definição muito clara a respeito do futuro a ser alcançado. Para que os esforços sejam conduzidos de forma realista é importante escrever nos documentos de apoio as seguintes questões:

- O Objetivo Final,
- A Realidade Interna Atual,
- A Realidade Externa Atual,
- Os Obstáculos Atuais,
- Os Obstáculos Futuros Possíveis.

Dentro de "A Realidade Interna Atual" são destacados os pontos fortes e a melhorar da própria personalidade (baseado em avaliações pré-selecionadas, por exemplo: DISC, Eneagrama ou NEO-PI/Big Five).

A partir de tais esclarecimentos torna-se possível fazer a lista pessoal de 30 sonhos. E, na sequência, refletindo sobre os 30 sonhos, escrever dez metas principais para o próximo ano. As metas precisam ser monitoradas de forma permanente e ajustadas, para estar em sintonia com as ideias de melhorias no Desenvolvimento Pessoal de cada líder. Tais metas podem ser organizadas dentro das seguintes categorias:

- Desenvolvimento Pessoal,
- Saúde Integral,
- Vida Familiar e Amorosa,
- Vida Profissional,
- Finanças e Estilo de Vida,
- Contribuição Social.

Mentalidade autorresponsável

É essencial que o líder se sinta inteiramente responsável por tudo que acontece em sua vida. De acordo com o estudioso Julian Rotter, as pessoas identificadas com "controle externo" percebem que a vida delas é conduzida pelo acaso e eventos fora de seu controle. Já as pessoas com "controle interno" se percebem como agentes ou causas de tudo que acontece em suas vidas. Vários estudos, portanto, comprovaram que as pessoas de "controle interno" possuem mais sucesso em suas vidas e conseguem superar mais facilmente o estresse e as dificuldades. Desta forma, quando um líder se define como causa das situações ele acaba escolhendo situações de intenso crescimento e será capaz de influenciar situações externas.

O líder é a causa de tudo que acontece a partir de seus liderados. Se os liderados são ineficientes é a forma de gestão desmotivadora do líder que está perpetuando tal situação.

Líderes eficazes fazem de tudo para que seus liderados se sintam vencedores. Sendo assim, falhas que porventura venham a ocorrer não devem ser aceitas de forma resignada.

A noção de que os liderados sentem orgulho do que estão

fazendo é vital para que o grupo como um todo contagiem positivamente um ao outro. Mais importante do que usar palavras assertivas e positivas é o líder perceber seu padrão de pensamentos e sentimentos que são transmitidos em todas as suas mensagens escritas e faladas.

Emoções de entusiasmo com liderados

Líderes costumam enfrentar crises e desafios constantes em suas jornadas profissionais, e todas elas irão gerar impacto emocional. Considerando que o líder tem forte impacto no clima organizacional, é justamente sua atitude que vai gerar a solução de crises bem como preparar o grupo de trabalho para futuras crises.

Líderes que exercitam o bom-humor contagiam positivamente o ambiente, tornando-o mais propício à criatividade e produtividade. O líder focado em defeitos e falhas acaba tendo uma aparência de seriedade e rigidez.

Liderança de sucesso tem o hábito de comemorar intensamente as vitórias. Pessoas com mais medo, raiva, agitação ou tristeza tendem a cometer mais erros. Líderes conscientes de suas emoções, quando estão diante de problemas e dificuldades, se esforçam por manter a emoção positiva, para não prejudicar o potencial das pessoas à sua volta. Por maiores que sejam as dificuldades, as interações entre as pessoas precisam ser alimentadas através de momentos de olho no olho entre elas, junto com o cultivo de emoções positivas.

Neste ponto fica claro que o líder precisa se importar de verdade com as pessoas que lidera, do contrário, tudo que fizer vai soar falso. Talvez isto não seja possível ensinar, exceto se o líder realmente se sentir bloqueado e desejar mudar sua forma de agir. Importar-se com as pessoas lideradas significa na prática compreendê-las totalmente e apreciar o quanto são impactadas pelo trabalho na empresa, seja dentro ou fora dela.

Liderança verdadeira não é autoritária e, ao contrário, as pessoas sentem orgulho e contentamento de entregar o seu trabalho. A equipe respeita seu líder pela forma como é tratada por ele e não pelo cargo que ocupa. O líder precisa motivar as pessoas todos os dias. E, antes de entusiasmar outras pessoas, o líder precisa ter entusiasmo próprio. Em todos os encontros com a equipe é vital agir com bom-humor, otimismo e confiança. Líderes entusiasmados raramente adotam condutas hostis, pois sabem que isso vai interferir no ritmo e na qualidade do trabalho. É justamente o comportamento que um líder adota em momentos desafiadores que determina o nível emocional de toda a empresa.

Notícias ruins precisam ser rapidamente equacionadas para não afetarem o estado emocional das pessoas. Manter-se interessado mais pelos outros do que por si é sinal de grande maturidade emocional, junto ao desejo de conhecê-los mais e entender suas dificuldades e aspirações. Este interesse não é uma técnica e sim entender que existem histórias inspiradoras em cada pessoa. O sonho de cada pessoa é algo primordial para ser conhecido pelo líder. E se, por acaso, existir algum tipo de temor na forma do liderado falar com seu líder, é porque existe muito a se evoluir nessas interações. Liderados devem sentir-se altamente confortáveis de comunicar ideias ou situações que julga serem importantes no trabalho.

O respeito deve prevalecer entre as partes. Na medida em que o líder se preocupa com as pessoas de sua equipe, isso fará com que comportamentos parecidos venham na direção do líder. Esta visão de responsabilidade a partir do líder colabora para que os mesmos sentimentos sejam desenvolvidos nas pessoas.

Compromisso com o crescimento e mudança

Líderes precisam pensar continuamente nos esforços voltados a potencializar o sucesso da organização. Desafios diversos emergirão a todo momento e nem tudo poderá ser previsto, considerando a aceleração de mudanças tecnológicas que impactam nos negócios e comportamentos. Todos os momentos trazem igualmente ameaças e oportunidades para a evolução do próprio negócio e todas as pessoas envolvidas na estrutura organizacional.

Destaco alguns pilares que podem apresentar de forma sucinta os olhares importantes para conduzir o exercício dos progressos do próprio líder e da organização a que ele serve:

- o Equilíbrio entre a vida pessoal e profissional – cuidar com responsabilidade e prioridade da própria saúde e de suas relações familiares e sociais adequadamente de forma que o trabalho não venha em 1º lugar.

- o Saúde Financeira da Organização – estar sintonizado com todas as questões que geram valorização ao ambiente, tornando-o interessante para se trabalhar e capacitado a atrair talentos do mercado. Em segunda instância, líderes precisam estabelecer alianças estratégicas para alavancar recursos financeiros necessários bem como estratégias para obtenção de retorno financeiro, vislumbrando o diferencial competitivo.

- o Desempenho de si e do grupo – observar continuamente pontos cegos da performance de si e das pessoas no sentido de atuar na solução do estresse, de processos e de temas críticos. Todas as análises concernentes às habilidades e competências essenciais para cada posição precisam ser monitoradas formalmente visando facilitar o desenvolvimento humano.

- o Mudanças mercadológicas ou no ambiente – turbulências súbitas podem emergir em clientes, fornecedores, parceiros de negócios ou colaboradores, as quais exigirão respostas imediatas dos líderes.

Gostaria de ressaltar que todas as tendências de mercado emergentes precisam ser acompanhadas e os líderes precisam necessariamente aderir aos movimentos e novos conhecimentos capazes de influenciar no setor de atuação. É quase redundante dizer que o líder precisa estar estudando e se atualizando continuamente.

O líder deve mirar no seu autoconhecimento justamente para estar preparado para suas próprias resistências e medos, porque isto pode fazer com que ele precise tomar decisões difíceis, porém, cruciais para a existência da empresa no longo prazo.

Muitas vezes e cada vez mais, líderes autênticos e confiáveis abandonarão paradigmas obsoletos e se abrirão para novas práticas. A coragem vem desta disposição de deixar morrer o que não é mais útil ao crescimento do coletivo e se deslocar para lugares desconhecidos.

O poder da intenção é uma força que conecta o presente ao futuro. Todas as respostas internas fundamentais nascerão de perguntas-chave que o próprio líder precisa fazer a si mesmo em vários momentos de sua jornada:

- Qual é minha missão neste projeto?
- Como posso criar condições para atender a esta missão?

Todos os dias o líder precisa responder:

- Quais são as duas coisas ou uma coisa só que preciso resolver hoje?
- Como usarei minha energia pessoal para ter êxito?

Minha mensagem final segue o que acredito trazer os melhores índices de felicidade ao líder e àqueles liderados por ele – faça tudo por sua felicidade e faça tudo pela felicidade dos demais. Esta ação é conjunta e por isso se torna completa.

Um verdadeiro líder usa seu coração a serviço do coletivo e, assim, ele faz com que muitos corações se movimentem saudavelmente, ativando outros corações à sua volta, criando movimentos virtuosos e prósperos na humanidade.

De Executiva a Empreendedora.
Caminhos e Aprendizados

Silvana Mello

LINKEDIN

Nascida em São Paulo – capital, casada há 20 anos, mãe de Luca e Max. Ocupou por 20 anos posições de Executiva de RH em organizações nacionais e multinacionais assumindo responsabilidades no Brasil e em países da América Latina. Sócia-diretora da TCS – *Talent Creative Solutions,* lidera projetos envolvendo todos os pilares de Desenvolvimento de Talentos, contribuindo com a ampliação da visão da liderança e seus objetivos de negócios. Coautora do livro "Gestão de RH por Competências e a Empregabilidade", Editora Papirus. Autora do livro "Mulher, Empoderamento e Legado". Editora Oficina Raquel. Coautora do livro "Mulheres no RH® – vol. II", Editora Leader.

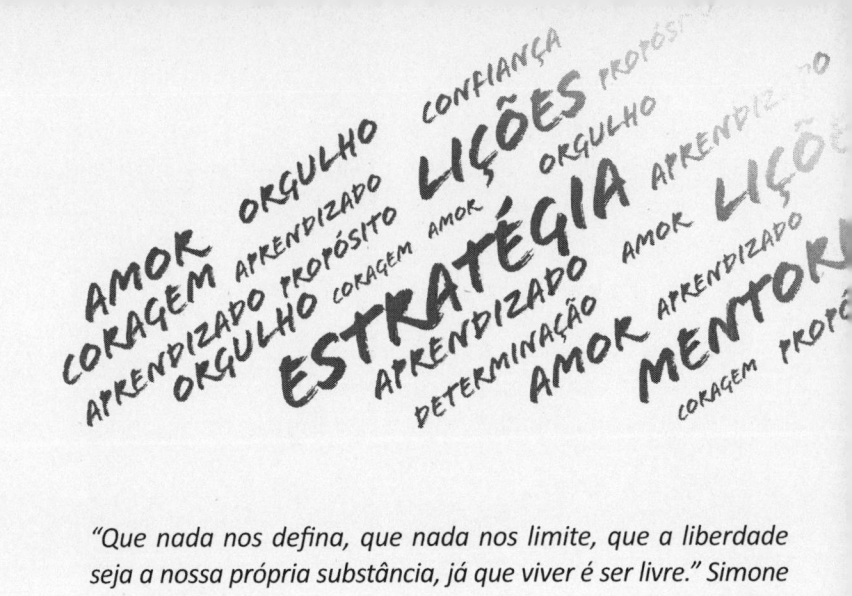

AMOR ORGULHO CONFIANÇA LIÇÕES PROPÓSITO CORAGEM APRENDIZADO ORGULHO APRENDIZADO PROPÓSITO AMOR ESTRATÉGIA APRENDIZADO LIÇÕES ORGULHO CORAGEM APRENDIZADO AMOR DETERMINAÇÃO AMOR APRENDIZADO MENTOR CORAGEM PROPÓ

"Que nada nos defina, que nada nos limite, que a liberdade seja a nossa própria substância, já que viver é ser livre." Simone de Beauvoir

Introdução

Considero um privilégio poder compartilhar meus aprendizados como líder e, assim, deixar um legado para futuras gerações. É assim que começo a minha narrativa, com especial gratidão às oportunidades da vida.

Este capítulo está dividido em três partes, na primeira eu falo sobre meu propósito e meus superpoderes como líder; na segunda eu compartilho a minha experiência prática e meus aprendizados na carreira e na terceira parte eu deixo uma conclusão e dicas de carreira para os leitores e leitoras.

Parte 1 – Meu propósito como líder e meus superpoderes

A coragem e a ousadia sempre me acompanharam, como uma necessidade de servir de exemplo e ter uma identidade própria, desde criança. Assim começa a minha história como líder.

Comecei a trabalhar cedo, fruto de minha imensa vontade de conhecer o mundo e viver todas as experiências intensamente, alias, esta palavra sempre me definiu. Cursei Psicologia e ainda me lembro do meu primeiro estágio. Naquela época o estagiário fazia todos os trabalhos que os outros não faziam, mas minha vontade de crescer e me desenvolver era tanta que eu não media esforços para entrar no mundo de Recursos Humanos. O valor que eu receberia por mês serviria para os meus gastos pessoais, não sendo necessário ajudar a minha família; não que eu fosse rica, vivíamos de forma modesta.

O fato é que o trabalho para mim sempre foi um lugar de prazer, aprendizado e brilho, metaforicamente me via como uma estrela, do meu próprio espetáculo. Desde jovem eu tinha sede de conhecimentos e realizações e com este espírito fui galgando posições em empresas de renome e conseguindo o meu espaço. Hoje, contando minha história, percebo que a minha atitude sempre foi impetuosa no sentido de buscar novos desafios e aprendizados mesmo com pouca idade, na minha opinião isto é liderança. Me lembro de inúmeras experiências em que eu tinha um "pouco" de tudo. Pouca experiência, pouca idade, pouco conhecimento, pouca malícia e, em contrapartida, muita coragem.

Aqui começa a minha narrativa sobre o meu propósito como líder. Liderar, para mim, significa estar a serviço de meu propósito e quando olho minha trajetória percebo que o meu propósito como líder sempre foi o de desafiar a mim e aos outros, buscando uma melhor versão, ainda que isto custasse sair do conforto daquele belo emprego ou daquela situação de privilégio.

Meu propósito como líder é atravessar as pontes, cruzar os obstáculos e transcender qualquer tipo de dificuldade, em um estado de constante evolução. Faço isto comigo e com os outros, como ondas de um imenso oceano. As ondas oferecem desafios e dificuldades cada vez mais elevados e isto é extremamente inspirador.

Minha fórmula para a liderança = C (crença em mim mesma) + C (coragem) = Força

A minha força como líder é a minha capacidade de me desafiar e me reinventar a cada instante, mesmo com todo o medo e incerteza que eu possa vir a experimentar. Tenho algo em minha bagagem pessoal que me ajuda muito, um otimismo e entusiasmo exacerbados. Estas características sempre me ajudaram a chegar lá, mas aprender que nem tudo são flores foi muito importante para a minha trajetória.

Parte 2 - Do conceito à prática

Eu divido a minha carreira em três fases:

1ª fase: Como executiva de Recursos Humanos de grandes organizações

Minha sede por conhecer novos negócios e novos lugares me levou a conhecer muitas pessoas de diversas culturas diferentes. O meu espírito curioso e audacioso me levou para muitos países. Depois de completar quase quatro anos de estágio eu trilhei uma carreira bem-sucedida em Recursos Humanos com o apoio de muitas pessoas. Gerenciei praticamente todas as áreas de Recursos Humanos e liderei pessoas de outros países. Quando os ciclos de aprendizados foram se repetindo eu comecei a me preparar para o próximo passo. Tinha clareza de que eu queria ter um negócio de consultoria e para isto se concretizar foram dez longos anos de preparação. Fiz um mestrado que me ajudou a adquirir um traquejo mais professoral e consultivo. Fiz uma certificação de quase dois anos em Coaching na Universidade de Columbia, em Nova York, nos Estados Unidos. Este último investimento representou um divisor de águas na minha vida e um verdadeiro passaporte para eu poder iniciar a parte 2 da minha trajetória: atuar em uma consultoria global.

Só tem um detalhe: este período de dez anos foi construído a duras penas. Eu era executiva durante o dia e paralelamente eu estudava e fazia atendimentos de Coaching à noite, com o foco no meu objetivo futuro.

Lembro-me até hoje de uma passagem marcante em minha vida. Eu estava realmente decidida a trilhar o caminho de consultoria, já tinha me desligado da última corporação e estava iniciando trabalhos em consultoria. No meio do caminho surgiu uma proposta para eu voltar a ser executiva, foi uma decisão difícil, mas importante para eu realmente me sentir fortalecida na minha decisão. Eu recebi uma proposta para ser diretora Corporativa de uma empresa grande, multinacional e, após cinco entrevistas, eu fui aprovada. Pedi um mês para dar a resposta, algo desnecessário, mas eu precisava deste tempo. Algo estranho se passou comigo, quando eu pensava no que me ligava àquela proposta as minhas respostas estavam todas relacionadas ao pacote financeiro, ao carro e demais aspectos monetários. Quando eu pensava no caminho da consultoria, sentia uma sensação de fluxo, de energia positiva. Com um nó na garganta troquei metaforicamente 6 X 2, mas foi a melhor decisão que eu tomei em minha vida, foi uma decisão de alma.

Aliás, neste mesmo período eu tomei outra decisão difícil que me fortaleceu muito. Eu tive a minha primeira gravidez aos 44 anos, outra decisão de alma.

Algo se partiu dentro de mim nesta fase, era como se eu estivesse deixando para trás partes de mim mesma, como uma desconstrução absolutamente inexorável. Aprendi que na vida existem decisões de ego e decisões de alma e nesta fase eu não queria mais tomar decisões baseadas no meu ego.

2ª fase: Como executiva de Consultoria Global

Eu tinha clareza de que esta passagem era muito importante para meu aprendizado, mas tinha pouca consciência do que estava por vir.

Como executiva com mais de 20 anos de experiência, eu tinha hábitos cristalizados, tinha uma equipe, uma secretária, tomava decisões executivas e contava com um pacote de remuneração bem atraente. Em consultoria tudo isto era diferente e eu tive que fazer a minha transição, um caminho longo, algumas vezes dolorido, mas muito gratificante.

3ª fase: Como empreendedora do meu próprio negócio

Ter o seu próprio negócio realmente é muito desafiador, em todos os sentidos, mas novamente eu senti uma força que me conduziu a me conectar com pessoas e parceiros(as) muito especiais.

Meu principal aprendizado foi entender que somos uma pessoa só, no trabalho, em casa, com amigos, com a família e esta integralidade foi muito importante para enfrentar novos desafios de maneira equilibrada. Isto tem a ver com a conexão com a alma, quando você consegue fazer o que o Victor Hugo expressa em seu poema "Desejos":

..."Desejo que você tenha dinheiro, e uma vez ao ano,

Coloque um pouco dele

Na sua frente e diga: "Isso é meu",

Só para que fique bem claro quem é o dono de quem."

Parte 3 - Conclusão

Quem deseja trilhar uma carreira de liderança em Recursos Humanos ou Consultoria precisa estar atenta(o) aos seguintes aspectos:

• **Amplie o seu autoconhecimento constantemente.**

Preste atenção aos seus talentos e às atividades que lhe

trazem uma sensação de fluxo e esteja atento(a) aos *feedbacks* de outras pessoas, como um alimento imprescindível para o seu crescimento.

O *feedback* é útil, mas cuidado. Alguns são alavancadores e outros são limitadores e isso pode fazer toda a diferença em sua carreira.

Em uma escola americana, alguns alunos foram submetidos a um teste de QI, que detectava o potencial de cada criança. Os pesquisadores aplicaram o teste e antes mesmo de calcular a pontuação de cada aluno escolheram aleatoriamente algumas crianças e disseram aos professores que aquelas crianças teriam um sucesso extraordinário nos anos seguintes. Essa informação não era verídica.

No final do ano escolar, os pesquisadores voltaram à escola e repetiram o teste. Os alunos que haviam sido falsamente diagnosticados como gênios haviam ganho, em média, 3,8 pontos de QI a mais que os demais. O resultado foi ainda mais surpreendente entre alunos da primeira série que apresentaram 15,4 pontos de QI a mais. Ou seja: as crianças que haviam sido apresentadas como "mais inteligentes" de fato se tornaram mais inteligentes – porque inconscientemente, sem querer, os professores haviam dado mais atenção e estímulo a elas.

Algumas vezes será necessário deletar alguns *feedbacks* e seguir em frente com a sua autopercepção.

- **Estude e se desafie constantemente**

O processo de globalização abriu as portas para um mundo cheio de oportunidades e, é claro, inúmeros desafios. Olhando para as oportunidades, há inúmeros cursos, palestras, *lives*, mentorias gratuitas e por outro lado há muitos candidatos(as) competentes. Para construir o seu espaço, se desenvolva e se desafie sempre em sua área de atuação.

• **Aprenda a lidar com os vieses inconscientes**

Todos nós possuímos vieses inconscientes, conjunto de estereótipos que desenvolvemos ao longo da vida de acordo com nossa educação, crenças e valores. Funciona como um grande banco de dados que vamos alimentando conforme as nossas interações. Na medida em que vamos interagindo com as pessoas, julgamos e tomamos decisões, algumas conscientes, outras inconscientes, tomando como base os nossos próprios vieses. Assim, em um processo seletivo, você pode ter uma tendência a ser mais favorável a um determinado tipo de pessoa ou, em alguma situação, você pode não simpatizar com um determinado estilo e não perceber que estes comandos são inconscientes. O fato é que eles existem e são respaldados por muitos estudos realizados por pesquisadores no mundo todo.

Em 1998 foi fundado o Projeto Implícito por três cientistas: Tony Greenwald (Universidade de Washington), Mahzarin Banaji (Universidade de Harvard), e Brian Nosek (Universidade de Virginia), tendo o seu lançamento iniciado em 2011 por Bethany Teachman (Universidade de Virginia) e Matt Nock (Universidade de Harvard). O Projeto Implícito é uma organização sem fins lucrativos que conta com a colaboração internacional de pesquisadores interessados em cognição social implícita, ou seja, pensamentos e sentimentos fora da consciência e controle conscientes. O objetivo da organização é educar o público sobre preconceitos ocultos e fornecer um "laboratório virtual" para coletar dados na Internet. Para se aprofundar no assunto vale entrar no site: https://www.projectimplicit.net/organization.html.

Do ponto de vista prático o viés inconsciente traz uma necessidade de investigar dois pilares: 1) Fatores internos, 2) Fatores externos. Os fatores internos dizem respeito aos nossos próprios vieses e os fatores externos estão relacionados aos vieses coletivos, criados e desenvolvidos pela sociedade. Vale mencionar que os vieses não dizem respeito somente às mulheres, o conceito se amplia a outras categorias como: negros, homossexuais, idosos... etc.

É importante fazer uma boa leitura do ambiente e, na medida do possível, dar *feedbacks*. As pessoas podem não ter consciência sobre os seus próprios vieses. Alguns anos atrás eu trabalhei com um grupo de mulheres latinas que me contaram que os seus líderes não tinham consciência sobre o incômodo que eles proporcionavam quando as elogiavam, após uma apresentação, com uma frase típica: "Você é muita bonita fazendo a apresentação. Gostei!"

- **Desenvolva a coragem!**

Em uma pesquisa realizada alguns anos atrás, foi detectado que uma das principais questões relacionadas ao crescimento da mulher é o medo da exposição, o medo de falhar e o receio de não ser aceita. Muito deste medo/receio vem do perfeccionismo, da necessidade de levar uma vida perfeita e controlada. No momento em que a mulher se liberta do perfeccionismo, ela se liberta das suas próprias muralhas e dá um salto de grandeza, de evolução.

- **Construa uma rede de conexões**

Viver e trabalhar está conectado com a nossa capacidade de criar e desenvolver relações de confiança. Isto diz respeito a desenvolver a nossa capacidade de trabalhar em três eixos: 1) comunicação - aprimorar a forma como você se comunica do ponto de vista verbal e não verbal, prestando atenção aos detalhes de como você se comunica, se veste e se apresenta. 2) conexão – como você se conecta com as pessoas – tendo em mente que as pessoas se conectam sempre pelo interesse delas, então esteja preparada para ajudar e apoiar os outros. 3) Confiança – como você estabelece relações de confiança, demonstrados em suas palavras e ações. O exemplo é poderoso e contribui efetivamente para a formação de sua marca pessoal.

- **Pratique a sororidade**

Embora estejamos no século XXI, ainda temos muito a caminhar. A mulher, em menor ou maior grau, ainda ocupa uma condição inferior nas sociedades e organizações. Em algumas regiões muito pobres da África e Ásia, as meninas sequer vão à escola.

É de extrema importância que as mulheres se apropriem desta realidade, saiam do papel de coadjuvantes e realizem ações que poderão beneficiar outras mulheres, seja como mães, educando seus filhos para terem um olhar mais inclusivo, apoiando suas filhas para que se desenvolvam em áreas "entendidas" como mais masculinas, como exatas, por exemplo, ou como simples integrantes de diversas comunidades: escolas, igrejas, esportes, na sociedade e organizações, levantando a bandeira da capacidade da mulher.

Algumas mulheres em altas posições dentro das organizações assumem um discurso vazio sobre meritocracia, partindo de um lugar privilegiado que elas conseguiram conquistar, mas isto não é comum em muitas realidades. É preciso ter empatia e ampliar o olhar para outros contextos, ajudando outras mulheres a trilharem os seus caminhos. Estas ações podem ser simples, como: inserção de uma cláusula na política de compras sobre a necessidade de ter mulheres nas concorrências, inclusão de candidatas em processos seletivos internos e externos, adoção de uma política que garanta um percentual de líderes mulheres em todas as áreas da empresa e assim por diante. Além disso, as líderes mulheres também podem fazer parte de processos de mentoria, apoiando instituições carentes/ONGs que diminuem as distâncias entre as classes sociais.

Então, as mulheres líderes precisam e devem levantar esta bandeira de apoio a todas as outras mulheres.

• **Acredite em você** e no seu poder de transformar tudo aquilo que toca de maneira genuína e autêntica.

Por fim, como um exercício de reflexão proponho que você investigue com pessoas próximas quais são os seus principais talentos como líder e o que a sua liderança inspira nas pessoas. Este simples exercício, feito de maneira constante, pode ajudar você a entender o seu impacto e possíveis necessidades de ajustes.

Líderes cuidam de pessoas

Valdirene Soares Secato

LINKEDIN

Possui 36 anos de experiência em Gestão Estratégica nos segmentos bancário brasileiro e securitário. Diretora de Recursos Humanos, Ouvidoria e Sustentabilidade no Grupo Bradesco Seguros, é também membro do Comitê Estratégico de Recursos Humanos da Amcham-Brasil e do Comitê de Cultura e Pessoas do Grupo Fleury. Atua, ainda, como coordenadora do Comitê de Gestão de Pessoas da Odontoprev e membro do Comitê de Pessoas da Orizon. Antes, foi superintendente executiva de Recursos Humanos do Banco Bradesco e UniBrad, além de consultora estratégica e PMO corporativo.

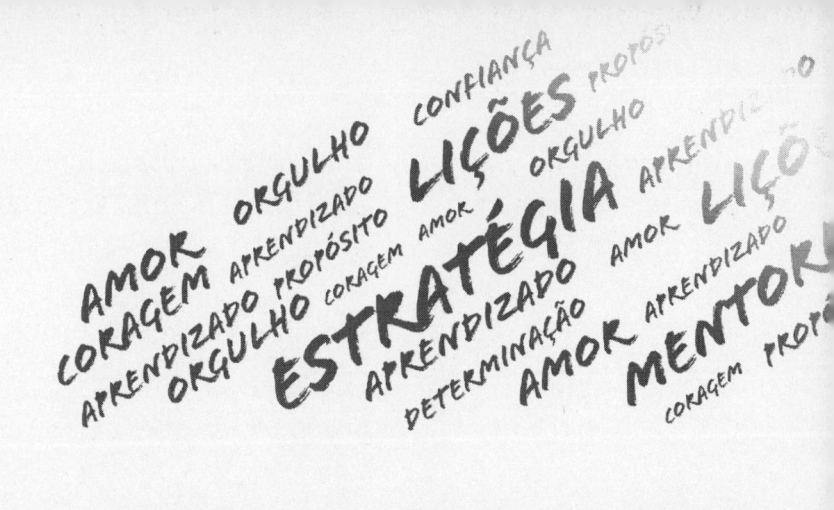

"Líderes não cuidam de resultados. Líderes cuidam de pessoas. E pessoas geram resultados." – Simon Sinek

"A transformação começa com os líderes. Somos nós que trazemos para o dia a dia das equipes os conceitos de empatia, colaboração, criatividade e confiança, inspirando todos a trilharem esse caminho." Valdirene Soares Secato

Atuar à frente da área de Recursos Humanos, Ouvidoria e Sustentabilidade do Grupo Bradesco Seguros trouxe um desafio ímpar em minha trajetória profissional. Exatamente por isso, ao abraçar a oportunidade, foquei na minha intuição, experiência e honrei a base forte que tive em minha criação.

Gosto de fazer um exercício silencioso de listar tudo o que me moldou como profissional até aqui. Nessa lista mental, a palavra empatia tem um lugar de destaque.

Conduzir áreas estratégicas da organização e liderar de forma assertiva, gentil e humanizada nossos mais de oito mil funcionários só é possível com empatia.

Para mim, esta é uma capacidade de que nenhum gestor mais pode abrir mão. É por meio da empatia que líderes tem a possibilidade de humanizar sua gestão e moldar contornos que vão viabilizar o sucesso e o crescimento sustentável de uma organização.

Uma liderança empática, humana e adaptável é fundamental para fortalecer times, orientar gestores e apoiar carreiras, principalmente das mulheres, que enfrentam ainda mais desafios em muitos momentos de sua trajetória profissional.

Ser mulher, mãe e executiva é uma tarefa e tanto. Sempre foi e sempre será, não tenho dúvidas. Para dar conta de tudo isso, algumas vezes tive que abrir mão de momentos com meu filho para me dedicar ao trabalho e sempre busquei encarar de cabeça erguida os momentos de dificuldade.

Constantemente falo: o que faço é o que acredito. Isso é essencial e inegociável para mim. Se hoje me sinto fortalecida na posição de liderança é pela criação que tive, a resiliência que aprendi por ter me posicionado diante dos obstáculos de forma genuína.

Quando abordo o tema mulheres na liderança, gosto de pontuar o quanto nós somos pragmáticas, humanas, preocupadas e colaborativas.

Hoje, o recorte de gênero na liderança ocupa um papel importante no debate sobre o trabalho, como sabemos. Praticamente todas as empresas batalham arduamente para atingir patamares melhores em questões como equidade, na oferta de benefícios e atenção a nós.

Reconheço cada vez mais o papel da mulher na diversidade e acredito que é fundamental que cada uma de nós contribua com essa conversa trazendo suas expertises, observações e aprendizados.

É muito claro que nem todas temos as mesmas experiências com relação a preconceitos ou discriminações, por isso mesmo faço questão de afirmar que o respeito independe de gênero, é uma condição primordial para que relações sadias e legítimas se construam no ambiente de trabalho. E aqui ressalto a potência da parceria e da convergência no lugar de embates.

Dessa forma, alinhando com mestria os propósitos da

empresa e os objetivos e aspirações dos funcionários, inspiramos um ambiente de confiança.

Acredito que a confiança precisa estar acima de qualquer coisa, pois sabemos o quanto é difícil progredir quando trabalhamos com pessoas onde fica mais difícil confiar.

Além de tudo isso, contextualizando uma discussão bem atual, cuidar de pessoas é um dos pilares do S da agenda ASG. Na minha atuação como diretora de recursos humanos, ouvidoria e sustentabilidade avalio que é impossível ser líder sem conjugar o verbo cuidar.

E esse cuidado é uma rede ampla que apoia absolutamente toda a empresa: do atendimento ao cliente, passando por corretores, até o CEO, todos precisam ser cuidados.

É o dia a dia que lapida o olhar para que cuidado e empatia sejam os alicerces da liderança, enraízem em cada membro dos times e gerem frutos que deixem legados importantes a outros gestores e até mesmo ao mercado como um todo.

O cuidar também se traduz na criação de cada programa que envolva questões urgentes como cuidados com a saúde mental e a adaptação ao modelo híbrido de trabalho, por exemplo. Cada detalhe precisa ser pautado pelo cuidado para que as boas práticas aconteçam de forma orgânica e fluida. E isso vale para pequenas, médias ou grandes empresas, afinal é sobre essência que estamos falando.

Outro tema que sempre trago em palestras ou debates sobre a liderança em RH é como mesclar competências, impactar positivamente as equipes e ressignificar tarefas. Costumo dizer que as *hardskills* nós formamos, por isso focamos nas *softskills* como aliadas no alcance de resultados acima da média.

Para aprimorar as *hardskills,* as empresas oferecem cada vez mais oportunidades de treinamentos, cursos, contatos com plataformas de gestão ágil, tecnologia e a troca de experiência com outros profissionais.

Já as *softskills* são subjetivas e trazem nas relações e interações pessoais sua força. Ao perceber as nuances de flexibilidade, adaptabilidade, capacidade de liderança, empatia, entre outros pontos, em um processo seletivo, por exemplo, logo ficamos atentos a como tudo aquilo se alinha aos valores da empresa.

Isso tem uma relevância imensa na minha jornada na liderança, pois reverbera em mim tudo o que aprendi com meus pais, a educação que eles me ofereceram fortalecendo a humildade, a honestidade e a força do trabalho. Além disso tudo, foram apoios imprescindíveis na minha jornada materna. Sem eles e sem minha família dificilmente teria mergulhado tão fundo em meus objetivos profissionais.

E veja como esse contexto também me forneceu informação e maturidade para atuar em equipe. Grande parte disso não pode ser aprendido em uma universidade. A educação formal traz muitas ferramentas para nossa vida profissional, mas são nossas vivências e interações ao longo do tempo que ajudam a nos moldar. E busco isso em cada conexão de trabalho que inicio.

O universo da gestão de pessoas mudou muito nos últimos cinco anos. Com a pandemia, principalmente, nós, profissionais da área, precisamos nos adaptar com celeridade, priorizar pontos que já estavam no *pipeline*, porém em outros estágios de prioridade.

Essa reviravolta em um primeiro momento trouxe algumas incertezas, porém foi exatamente essa sensação que impulsionou mudanças importantes que ficarão como legado para as empresas. O desafio das lideranças de RH foi equalizar de forma eficiente em todos os sentidos – humano, financeiro e logístico principalmente – o funcionamento do negócio.

Isso mostra o quanto essa liderança tem um papel fundamental e estratégico nas organizações. Por isso reforço sempre que ser líder de RH requer muita resiliência, pois é a área que orienta de forma assertiva a empresa em situações adversas como a que tivemos na pandemia.

Os novos rumos da liderança de pessoas

Nos últimos anos, a alta gestão passou a valorizaqr ainda mais os profissionais de recursos humanos e reconhecer esse seu papel estratégico dentro das organizações, atuando em cada área de negócio com foco em suas particularidades.

Uma pesquisa realizada pela plataforma LinkedIn sobre competências interpessoais mostra que **53%** dos profissionais de talentos, isto é, os que atraem, contratam e retêm profissionais de destaque, afirmam que a adaptabilidade será a competência mais importante para os recrutadores, seguida por resiliência, comunicação oral e criatividade.

Com o avanço da tecnologia e a massiva aplicação do *home office*, as relações pessoais e profissionais estão cada vez mais interconectadas. Nesse cenário, o perfil de liderança também teve uma importante e necessária mudança.

Hoje, é esperado que um líder tenha contato frequente, transparente e ainda mais humano com os seus liderados. Mesmo que virtualmente, realizar videochamadas, conversas e interações mais informais são bons caminhos e novos modelos para que o gestor possa se aproximar de suas equipes. Claro que tudo isso deve ser feito de uma forma equilibrada e assertiva, sempre contemplando as necessidades das áreas e a dinâmica de trabalho dos times.

Além disso, hoje ainda vivemos os reflexos das transformações que se ampliaram com a pandemia, tivemos um período extremamente atípico, mas que também antecipou tendências que estavam previstas apenas para o futuro.

Como nunca, os hábitos, os métodos de trabalho e até mesmo o relacionamento entre as pessoas evoluem e se transformam em um ritmo intenso. Nesse contexto, pensando em habilidades para um bom profissional, elenco algumas que considero imprescindíveis: relações humanas, adaptabilidade, resiliência, atitude positiva e criatividade.

Este conjunto de capacidades se torna cada vez mais atrativo e interessante em nossa vida profissional. Seja qual for a posição que a pessoa ocupe, lapidar essas habilidades ou mesmo apoiar as pessoas ao seu redor neste aprimoramento constante é essencial nos tempos atuais.

Como potencializar o melhor de seus times

Ao trazer **empatia** e **cuidado** para o escopo de liderança, o gestor potencializa o melhor de seus times. Por meio dessas duas habilidades, é possível trazer à tona competências que nem sempre são percebidas em ambientes profissionais.

Desta forma, a liderança inspiradora é um grande exemplo para as equipes e os funcionários, fortalecendo habilidades como empatia e ajudando os times a se desenvolverem de maneira produtiva e inovadora. Esta estratégia, além de ter aderência com a liderança humanizada, ajuda a aumentar a eficiência e a direcionar as equipes para uma jornada mais empoderada, onde a resolução de problemas, por exemplo, flui de uma forma mais natural e consciente em várias instâncias.

Potencializar o que há de melhor nos times também tem muito a ver com um plano de ação bem elaborado, com metas claras e definidas e que contemple o acolhimento.

Para colocar em prática esse plano, sugiro sempre que as lideranças de todas as áreas da empresa fortaleçam e valorizem as competências e iniciativas do time envolvido e, desta forma, seja o pilar que edifique a transformação e evolução no ambiente corporativo.

É inegável que pessoas habilidosas conquistem espaços importantes e merecidos em seus trabalhos. E é exatamente este *feeling* que um bom líder deve aliar a sua experiência técnica. Mais uma vez, então, mostro que a sinergia entre *softskills* e *hardskills* funciona e avalia os ambientes de trabalho de forma importante e produtiva.

Essas habilidades colaboram imensamente para um ambiente diverso, com opiniões e vivências distintas e complementares. Quando tudo isso se alinha a um olhar afinado do gestor e apoio da liderança, a mágica acontece.

Vejo na prática como times inspirados trazem seu melhor na conquista dos desafios diários no ambiente de trabalho. Uma régua muito valorosa é a percepção de nossos colaboradores: de acordo com o Great Place To Work, o GPTW, 85% dos funcionários da Bradesco Seguros dizem que este é um ótimo lugar para trabalhar.

Há vários anos figuramos neste ranking como uma das melhores empresas para trabalhar e isso é fruto de um esforço conjunto para que nossos mais de sete mil talentos possam estar no centro de nossos pilares de saúde, bem-estar e desenvolvimento de pessoas. Só para contextualizar a dimensão de nossa área e como é desafiador liderá-la, nesse último ano, a Bradesco Seguros investiu cerca de R$ 12 milhões em capacitação e desenvolvimento de talentos.

Diversidade e saúde emocional

A diversidade no ambiente de trabalho é, sem dúvida, um ponto crucial para o sucesso e sustentabilidade das equipes alinhadas e produtivas.

Não há mais espaço para situações de comando e controle no mundo conectado em que vivemos. As relações entre as pessoas precisam de camadas de adaptabilidade, *mindset* positivo e escuta ativa, principalmente. Isso é o que impulsiona um líder na tomada de decisões, formulação de estratégias e gerenciamento de crises.

Ao atuar de forma humanizada, priorizando as pessoas e suas necessidades distintas, o líder proporciona aos times a oportunidade de inspirar e influenciar de forma efetiva e sistemática todos os profissionais da empresa.

Sem dúvida, fazer toda essa articulação para que as pessoas

possam se desenvolver e performar cada vez melhor em seus postos é o que busca um líder engajado e atento. E um dos pontos inegáveis nessa condução é o olhar atento à saúde emocional. Em todos os postos este ponto é crucial e cada vez mais abordado e valorizado nas estratégias de RH.

Além de contribuir para o crescimento profissional e pessoal de quem está ao seu redor (sim, ao crescermos profissionalmente, crescemos pessoalmente. E vice-versa!), quem lidera os recursos humanos é aquele que conecta criatividade, coletividade e adaptabilidade às mais diversas situações dentro de uma empresa.

As mudanças e os desafios impostos recentemente às lideranças de RH nos levaram para um caminho sem volta. As empresas que ainda não estão conduzindo suas diretorias de pessoas para a humanização, para a estimulação de um bom clima e um olhar sensível para saúde mental vão cada vez mais perder espaço no mercado.

Como já comentei, o RH é um apoio essencial para o CEO e todas as outras lideranças da corporação na elaboração de novos modelos de trabalho que proporcionem acolhimento, em primeiro lugar. É exatamente aí que está a força de nossa área: vem, principalmente de nós, modelos, ferramentas e dados para que possamos seguir ao lado das lideranças de forma inspiradora, empática e humanizada.

E na sua liderança? Como você deixa a empatia e o cuidado guiarem sua atuação? O quanto você é capaz de inspirar e ver os times amadurecendo e se transformando em unidades fortes e resilientes?

Estes questionamentos podem parecer simples, mas são fundamentais para chegarmos a grandes conclusões e causarmos impacto positivo na vida profissional e pessoal daqueles que lideramos com tanta mestria.

Convido você a fazer essa reflexão diária, a tornar a empatia e o cuidado faróis que possam guiar sua jornada na liderança. Que cada vez mais você seja uma mulher vista como referência quando se pensa em gestão de pessoas. Afinal, nossa sensibilidade nos ajuda – e muito! – a conduzir lideranças inspiradoras, humanizadas e ainda a contribuir de forma estratégica no desenvolvimento dos times em todos os níveis.

Como mulheres líderes precisamos acreditar que somos capazes, que podemos e devemos nos posicionar sempre que necessário e não precisamos nos calar diante dos desafios. Unidas nesses propósitos que citei acima, somos capazes de construir e de deixar um legado muito valioso para as empresas. Já pensou nisso?

Vozes que ressoam:
liderando a mudança através
do Selo Editorial Série Mulheres®

Andréia Roma

"Empoderar uma mulher é transformar uma comunidade; ao dar voz às mulheres, nós tecemos as redes de uma sociedade mais justa e equitativa."

Como líder e mulher à frente de uma editora no Brasil, abracei a responsabilidade de criar espaços onde as vozes femininas não apenas são ouvidas, mas profundamente valorizadas. O Selo Editorial Série Mulheres® é um reflexo dessa missão: uma iniciativa que transcende a simples publicação de livros para se tornar um movimento que promove a visibilidade e o impacto das mulheres em diversas áreas. Este capítulo explorará a trajetória e o impacto do selo, além dos ensinamentos pessoais que emergiram da minha experiência como líder neste espaço inovador.

História e trajetória:

Minha jornada como líder desta editora foi motivada por um claro propósito: ampliar as fronteiras da literatura feminina e garantir que as futuras gerações de mulheres encontrem um palco para expressar suas verdades e desafios. Sob minha liderança, o Selo Editorial Série Mulheres® foi registrado e patenteado em 182 países, não apenas como uma marca, mas como um estandarte de nossa dedicação à diversidade e à inclusão.

Impacto na sociedade:

O Selo Editorial Série Mulheres® tem servido como um catalisador para mudanças, inspirando leitores e escritoras a reimaginar o que é possível. As histórias publicadas sob este selo têm fomentado diálogos sobre igualdade de gênero e empoderamento em escala global, influenciando não apenas indivíduos, como também políticas e práticas institucionais.

Ensinamentos de minha liderança:

Empatia e Escuta Ativa: aprendi que liderar com empatia e uma disposição genuína para ouvir são fundamentais. Estes princípios me guiaram na criação de uma editora que verdadeiramente entende e representa as necessidades de suas autoras.

Inovação e Adaptação: manter-se inovadora e adaptável às mudanças do mercado editorial foi essencial. A inovação não está apenas nos produtos que oferecemos, mas na maneira como abordamos nossos desafios e oportunidades.

Compromisso com a Excelência: em cada decisão e projeto, o compromisso com a excelência foi o meu norte. Isso significou garantir a qualidade das publicações e também apoiar ativamente o desenvolvimento das autoras.

Plano de ação e ensinamentos para futuras coautoras:

Identifique e Cultive sua Voz Única: cada mulher tem uma história única. Encorajo cada coautora a mergulhar profundamente em suas experiências pessoais e profissionais, trazendo autenticidade para suas narrativas.

Construa Redes de Suporte: a força da comunidade é inestimável. Construir e manter redes de apoio mútuo é vital para o sucesso em qualquer campo, especialmente na literatura.

Persista Diante dos Desafios: o caminho para a liderança e reconhecimento pode ser cheio de obstáculos. Persistência e resiliência são essenciais para superar esses desafios e alcançar seus objetivos.

Conclusão:

Ao liderar o Selo Editorial Série Mulheres®, meu objetivo sempre foi claro: criar um legado de empoderamento e inspiração. Este capítulo não é apenas um relato do que foi alcançado, mas um convite para você se juntar a nós nesta jornada contínua de transformação e liderança. Ao compartilhar sua história, você enriquece este legado, além de se tornar parte integrante de um movimento maior que moldará o futuro da liderança feminina globalmente.

O poder de uma
MENTORIA

uma aula na prática

Andréia Roma

Quem sou eu?

Sou a menina de oito anos que não tinha dinheiro para comprar livros.

Existe um grande processo de ensinamento em nossas vidas.
Alguém que não tinha condições financeiras de comprar livros,
para alguém que publica livros e realiza sonhos.

Sou a mulher que encontrou seu poder e entendeu que podia auxiliar mais pessoas a se descobrirem.

E você, quem é?
Qual o seu poder?

Entendi que com meu superpoder posso transformar meu tempo.

Encontre seu poder.

"Este é um convite para você deixar sua marca. Um livro muda tudo!"

Andréia Roma

Direitos autorais:
respeito e ética em relação a ideias criadas

CERTIFICADO DE REGISTRO DE DIREITO AUTORAL

A Câmara Brasileira do Livro certifica que a obra intelectual descrita abaixo, encontra-se registrada nos termos e normas legais da Lei nº 9.610/1998 dos Direitos Autorais do Brasil. Conforme determinação legal, a obra aqui registrada não pode ser plagiada, utilizada, reproduzida ou divulgada sem a autorização de seu(s) autor(es).

Responsável pela Solicitação:
Editora Leader

Participante(s):
Isabel Azevedo (Coordenador) | Jandaraci Araujo (Coordenador)

Título:
Mulheres na liderança em ação volume 2

Data do Registro:
19/07/2024 18:00:49

Hash da transação:
0x60b9e4aed20437e409a0e4744e709e14c0b36b8dfdce3114c9547e4e6cbaea6f

Hash do documento:
a32628ce87aab84271597e6b7d43c53622aaf3863546af7998f9f0e2e9745653

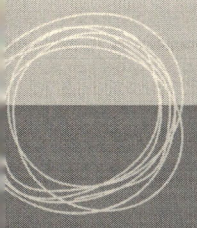

Compartilhe nas redes sociais
f y ✉ in

que para acessar
a versão online

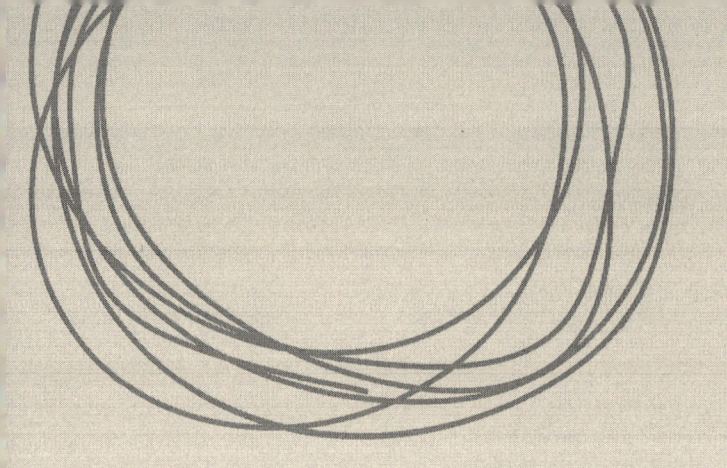

Os livros coletivos nesta linha de histórias e mentorias são um conceito criado pela Editora Leader, com propriedade intelectual registrada e publicada, desta forma, é proibida a reprodução e cópia para criação de outros livros, a qualquer título, lembrando que o nome do livro é simplesmente um dos requisitos que representam o projeto como um todo, sendo este garantido como propriedade intelectual nos moldes da LEI Nº 9.279, DE 14 DE MAIO DE 1996.

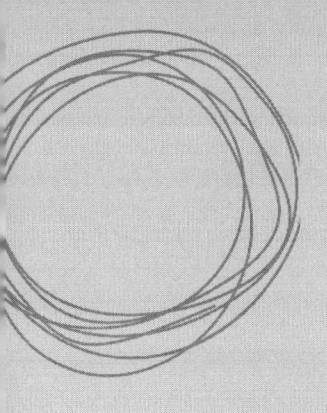

Exclusividade:

A Editora Leader tem como
viés a exclusividade de
livros publicados com volumes
em todas as temáticas
apresentadas, trabalhamos a
área dentro de cada setor
e segmento com roteiros
personalizados para cada
especificidade apresentada.

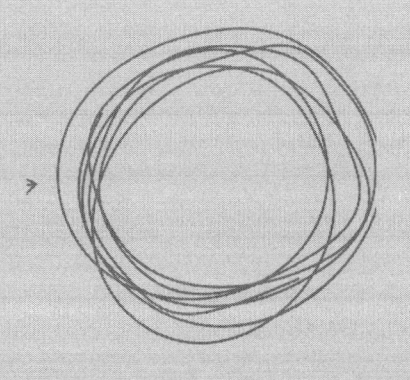

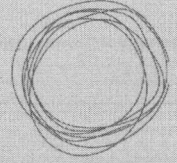

"Livros não mudam o mundo, quem muda o mundo são as pessoas. Os livros só mudam as pessoas."

Mário Quintana

"Somos o resultado dos livros que lemos, das viagens que fazemos e das pessoas que amamos".

Airton Ortiz

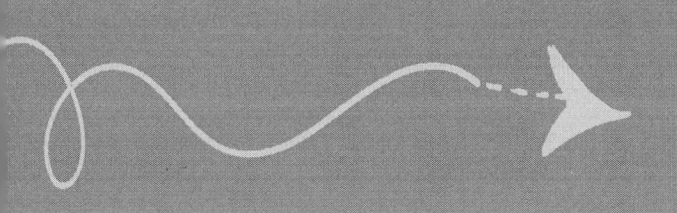

Olá, sou **Andréia Roma**, CEO da Editora Leader e Influenciadora Editorial.

Vamos transformar seus talentos e habilidades em uma aula prática.

235

Benefícios do apoio ao Selo Série Mulheres

Ao apoiar livros que fazem parte do Selo Editorial Série Mulheres, uma empresa pode obter vários benefícios, incluindo:

– **Fortalecimento da imagem de marca:** ao associar sua marca a iniciativas que promovem a equidade de gênero e a inclusão, a empresa demonstra seu compromisso com valores sociais e a responsabilidade corporativa. Isso pode melhorar a percepção do público em relação à empresa e fortalecer sua imagem de marca.

– **Diferenciação competitiva:** ao apoiar um projeto editorial exclusivo como o Selo Editorial Série Mulheres, a empresa se destaca de seus concorrentes, demonstrando seu compromisso em amplificar vozes femininas e promover a diversidade. Isso pode ajudar a empresa a se posicionar como líder e referência em sua indústria.

– **Acesso a um público engajado:** o Selo Editorial Série Mulheres já possui uma base de leitores e seguidores engajados que valoriza histórias e casos de mulheres. Ao patrocinar esses livros, a empresa tem a oportunidade de se conectar com esse público e aumentar seu alcance, ganhando visibilidade entre os apoiadores do projeto.

– **Impacto social positivo:** o patrocínio de livros que promovem a equidade de gênero e contam histórias inspiradoras de mulheres permite que a empresa faça parte de um movimento de mudança social positivo. Isso pode gerar um senso de propósito e orgulho entre os colaboradores e criar um impacto tangível na sociedade.

– ***Networking* e parcerias:** o envolvimento com o Selo Editorial Série Mulheres pode abrir portas para colaborações e parcerias com outras organizações e líderes que também apoiam a equidade de gênero. Isso pode criar oportunidades de *networking* valiosas e potencializar os esforços da empresa em direção à sustentabilidade e responsabilidade social.

É importante ressaltar que os benefícios podem variar de acordo com a estratégia e o público-alvo da empresa. Cada organização deve avaliar como o patrocínio desses livros se alinha aos seus valores, objetivos e necessidades específicas.

FAÇA PARTE DESTA HISTÓRIA
INSCREVA-SE

INICIAMOS UMA AÇÃO CHAMADA

MINHA EMPRESA ESTÁ COMPROMETIDA COM A CAUSA!

Nesta iniciativa escolhemos de cinco a dez empresas para apoiar esta causa.

SABIA QUE SUA EMPRESA PODE SER PATROCINADORA DA SÉRIE MULHERES, UMA COLEÇÃO INÉDITA DE LIVROS DIRECIONADOS A VÁRIAS ÁREAS E PROFISSÕES?

Uma organização que investe na diversidade, equidade e inclusão olha para o futuro e pratica no agora.

Para mais informações de como ser um patrocinador de um dos livros da Série Mulheres escreva para: **contato@editoraleader.com.br**

ou

Acesse o link e preencha sua ficha de inscrição

Nota da Coordenação Jurídica do Selo Editorial Série Mulheres® da Editora Leader

A Coordenação Jurídica da Série Mulheres®, dentro do Selo Editorial da Editora Leader, considera fundamental destacar um ponto crucial relacionado à originalidade e ao respeito pelas criações intelectuais deste selo editorial. Qualquer livro com um tema semelhante à Série Mulheres®, que apresente notável semelhança com nosso projeto, pode ser caracterizado como plágio, de acordo com as leis de direitos autorais vigentes.

A Editora Leader, por meio do Selo Editorial Série Mulheres®, se orgulha do pioneirismo e do árduo trabalho investido em cada uma de suas obras. Nossas escritoras convidadas dedicam tempo e esforço significativos para dar vida a histórias, lições, aprendizados, cases e metodologias únicas que ressoam e alcançam diversos públicos.

Portanto, solicitamos respeitosamente a todas as mulheres convidadas para participar de projetos diferentes da Série Mulheres® que examinem cuidadosamente a originalidade de suas criações antes de aceitar escrever para projetos semelhantes.

É de extrema importância preservar a integridade das obras e apoiar os valores de respeito e valorização que a Editora Leader tem defendido no mercado por meio de seu pioneirismo. Para manter nosso propósito, contamos com a total colaboração de todas as nossas coautoras convidadas.

Além disso, é relevante destacar que a palavra "Mulheres" fora do contexto de livros é de domínio público. No entanto, o que estamos enfatizando aqui é a responsabilidade de registrar o tema "Mulheres" com uma área específica, dessa forma, o nome "Mulheres" deixa de ser público.

Evitar o plágio e a cópia de projetos já existentes não apenas protege os direitos autorais, mas também promove a inovação e a diversidade no mundo das histórias e da literatura, em um selo editorial que dá voz à mulher, registrando suas histórias na literatura.

Agradecemos a compreensão de todas e todos, no compromisso de manter a ética e a integridade em nossa indústria criativa. Fiquem atentas.

Atenciosamente,

Adriana Nascimento e toda a Equipe da Editora Leader
Coordenação Jurídica do Selo Editorial Série Mulheres